蜘蛛战法

寻找牛股波段买卖信号

股海扬帆◎著

中国铁道出版社有限公司
CHINA RAILWAY PUBLISHING HOUSE CO., LTD.

内 容 简 介

　　本书是根据波段操作的理论，结合趋势运行规律，以及牛股在开始启涨和转跌时的技术征兆，从股价上涨波段运行的特征出发，结合私募和机构的操盘理念，总结出来的一套实用性较强的中短线波段操盘方法，以趋势上涨时的红蜘蛛形态和趋势下跌时的黑蜘蛛形态为核心，并介绍相关趋势知识及判断趋势时的技术指标形态，从操盘的角度出发，对选股到买卖股票的各个环节均进行详细介绍，包括各个环节的判断方法与技巧，实用性强、深入浅出、简单易学、容易上手，是一套实用的短线交易体系。

图书在版编目（CIP）数据

蜘蛛战法:寻找牛股波段买卖信号/股海扬帆著.—北京:中国
铁道出版社有限公司，2022.3
　ISBN 978-7-113-28410-7

Ⅰ.①蜘⋯ Ⅱ.①股⋯ Ⅲ.①股票投资-基本知识 Ⅳ.①F830.91

中国版本图书馆 CIP 数据核字（2021）第 196315 号

书　　名：蜘蛛战法：寻找牛股波段买卖信号
　　　　　ZHIZHU ZHANFA：XUNZHAO NIUGU BODUAN MAIMAI XINHAO
作　　者：股海扬帆

责任编辑：张亚慧　　　编辑部电话：（010）51873035　　　邮箱：lampard@vip.163.com
编辑助理：张秀文
封面设计：宿　萌
责任校对：孙　玫
责任印制：赵星辰

出版发行：中国铁道出版社有限公司（100054，北京市西城区右安门西街 8 号）
印　　刷：三河市宏盛印务有限公司
版　　次：2022 年 3 月第 1 版　　2022 年 3 月第 1 次印刷
开　　本：700 mm×1 000 mm 1/16　印张：13.25　字数：191 千
书　　号：ISBN 978-7-113-28410-7
定　　价：69.00 元

| 前 言 |

蜘蛛战法，是笔者根据波段操作的理论及市场上的蜘蛛形态，并结合自己多年的投资经验总结出来的一套系统的操盘体系。

由于蜘蛛战法是中短线波段操盘技术，通过寻找股价在日线图上整个上涨波段开始与结束时的征兆来进行交易。因此，根据蜘蛛战法进行的操作，事实上就是通过日线图的股价趋势演变规律，寻找到上涨波段的开始与结束。所以，事实上属于捕捉日线图牛股的操盘技术。

值得注意的是，蜘蛛战法与市场上所介绍的蜘蛛形态完全不一样，市场上所使用的蜘蛛形态只是一种均线在多头与空头趋势成立时的形态，而蜘蛛战法则是根据笔者多年的投资经验，结合中短线操盘技术、波段操盘理论、短线抓涨停的技术，以及中长期价值投资理念，并结合主力操盘时的一些手法，总结出来的一整套中短线波段的操盘技术，完全有别于市场上的蜘蛛形态。这一点从蜘蛛形态的判定、具体的名称、操盘理念、交易原则、仓位管理等操盘策略方面，均可以看得出来。

在蜘蛛战法中，当股价出现回升时，蜘蛛战法要求不仅应形成明显的红蜘蛛形态，且在判定上多了一个其他指标的辅助确认，因为在趋势由弱转强初期，大多数时候股价不会表现为一蹴而就地转强。因此，双指标的强势攻击共振特征，更能准确地把握股价这种技术面上的由弱转强。

　　为了进一步确保这种技术面的转强，在操盘过程中又增加了一个选股环节，主要根据股价趋势运行规律，从牛股形成前的趋势整理形态出发，同时又考虑到股价上涨的"基因"，即上市公司基本面的情况，所有的股价上涨，事实上除了资金面的推波助澜——主力的高度参与，还必须存在业绩的支撑。

　　因此，选股就是通过对上市公司长期与中短期基本面的情况进行趋势分析，这样不仅更有利于寻找到真正的牛股，同时还能够有效规避掉许多投资风险，因为随着多年来证券交易制度的不断完善，A股市场的交易制度、上市与退市制度也在不断发生着变化，这种变化直接影响投资者入市的风险。比如，面值持续30个交易日收盘低于1元时，是可以退市的。

　　这种在选股环节即通过严格把控，将未来最具有牛股内外基因的股票圈定在股票池中，在持续观察和判断中通过技术转强初期的红蜘蛛形态进行确认，并不能真正说明这只股票已经走牛，还要通过量价齐升突变进行最后确认，因为弱势转强势初期，只有量的明显变化，才会引发价的明显变化，这也就是市场上习惯上讲的以量破价。

　　然而，并不是所有的明显量价突变都必然会形成以量破价的结果，这也是在确认买股时机时的具体要求，不仅要在形成红蜘蛛形态期间出现明显的量价齐升，还必须满足健康的放量上涨形态时才能真正成为牛股启涨的买股时机。

　　完成蜘蛛战法的买股环节后，接下来只要持股始终保持健康的上涨，也就是上涨趋势能够持续，就应保持持股状态。在此主要介绍黑蜘蛛形态的卖股时机，因为投资者只要严格按照日线图结合周线图的选股方法，就能够确保红蜘蛛形态+量价齐升买点后日线图上的上涨趋势形成，而非周线图上震荡所形成短期日线图上的小波段震荡走强。也就是说，要确保日线图的上涨趋势是一轮反转行情。

因此，只要在通过红蜘蛛形态+量价齐升买点买入股票后，始终坚守卖股原则，就能够确保大幅获利的清仓卖股时机。这是因为股价在反转行情中，主力参与度极高，而非市场上资金大户等游资在操作，所以主力在出货时，是有明显征兆的。而这种征兆并不完全是黑蜘蛛形态，因为黑蜘蛛形态只是趋势转弱时发出的警示，这就涉及对卖股时机的具体把握。

在蜘蛛战法中，同样由于是以日线图上涨波段为主的操作。所以，在把握具体的卖股时机时，主要存在下面这种情况。即黑蜘蛛形态+量价齐跌的趋势性卖点，这种方法虽然属于理想的趋势交易卖点，但并不是所有股票均可以如此简单交易的，因为A股市场自成立以来，一直存在熊长牛短的特征。

这也就意味着，当主力在操盘中完成股价的大幅上涨后，在出货初期，绝大多数时候会以快速出货为主。因为只有短时出掉大笔获利筹码，才能及时锁定收益。所以，投资者在卖股时应改变旧有的观念，应以主力思维去考虑，这样才能与主力一起实现落袋为安——这也是最佳的提前卖股时机的把握与判断。

在简单地了解了蜘蛛战法的操盘理念和具体的方法策略后，就能很容易看出，虽然股票交易只是一买一卖这么简单，但是要想实现获利并不容易，因为它包含量、价、时、空四个立体化的内容，只不过蜘蛛战法是从操盘的步骤和理念上将这四点内容涵盖其中，避免投资者过于单一或抽象地去理解这些，只要根据蜘蛛战法的具体操盘步骤、理念与策略去执行，就是严格遵从了量、价、时、空的要求。

冰冻三尺，非一日之寒，炒股亦然。但炒股也并非像许多人想象得那么难，只要是认真学习炒股技术，严格按照炒股技术的要求，时刻从人性的角度来要求自己，假以时日，每一位立志于炒股投资的朋友，都能够实现轻松获利的目的。只要你时刻牢记一句话：成功永远只会青睐于那些时刻准备着的人，也请牢记，股市有风险，投资需谨慎。

作　者

2021年12月

| 目 录 |⟶

第 1 章

蜘蛛战法：中短线获利最高的操盘技术

蜘蛛战法的主要操盘理念是通过趋势转强时的红蜘蛛形态，以及明显量价齐升来判断上涨趋势的形成，并在持股过程上通过黑蜘蛛形态＋量价齐跌来确认趋势转弱的卖点，或是通过高位区的明显量价齐跌判断短期趋势的破坏性进行交易，操作的是日线图上涨波段，所以属于中短线获利最高的操盘技术。

但要想做到中短期的大幅获利，必须在操盘前了解蜘蛛形态、交易原则、交易纪律、仓位管理方法和操盘步骤，因为蜘蛛战法不仅仅是红蜘蛛形态买、黑蜘蛛形态卖这么简单，还包括一整套的操盘理念、方法和策略等。

1.1 蜘蛛形态分类

1.1.1 红蜘蛛形态

红蜘蛛形态，是蜘蛛战法中的买入形态，是指股价在长期弱势震荡整理期间，均线在缠绕状态下，突然出现5日均线、10日均线和20日均线的略向上移动期间，形成这三条均线的向上交叉和发散运行时，K线也运行到5日均线之上，同时其他技术指标也形成攻击或助涨形态时，就形成具有技术攻击特征的红蜘蛛形态。由于这种形态出现时，就像一只蜘蛛开始往高处爬去结网捕食，意味着股价底部上涨的开始，所以叫作红蜘蛛形态，一旦形成明显的量价齐升，即是一种买入股票的最佳时机。

形态要点：

在红蜘蛛形态中，要求日线图上股价是在长期弱势震荡的情况下，突然出现至少三根最短周期的均线相互向上交叉，即MA5、MA10、MA20，并且其他两根均线MA30和MA60也必须呈略向上，其中MA60至少为平行略向上的状态时，方可确认。

图1-1所示为长春燃气（600333）日线图，在长期弱势震荡中，均线呈缠绕状态，但进入A区域时，MA5、MA10、MA20明显震荡到各均线上方，且MA5向上依次与MA10和MA20出现交叉后，均线呈向上交叉后发散状态，MA30和MA60呈平行略上行状态，同时MACD也表现为双线在0轴上方明显向上分离，为红蜘蛛形态。K线持续阳线上涨中，出现成交量柱的持续放量，符合买点要求，

为具有向上攻击意愿的红蜘蛛形态，应果断买入股票。

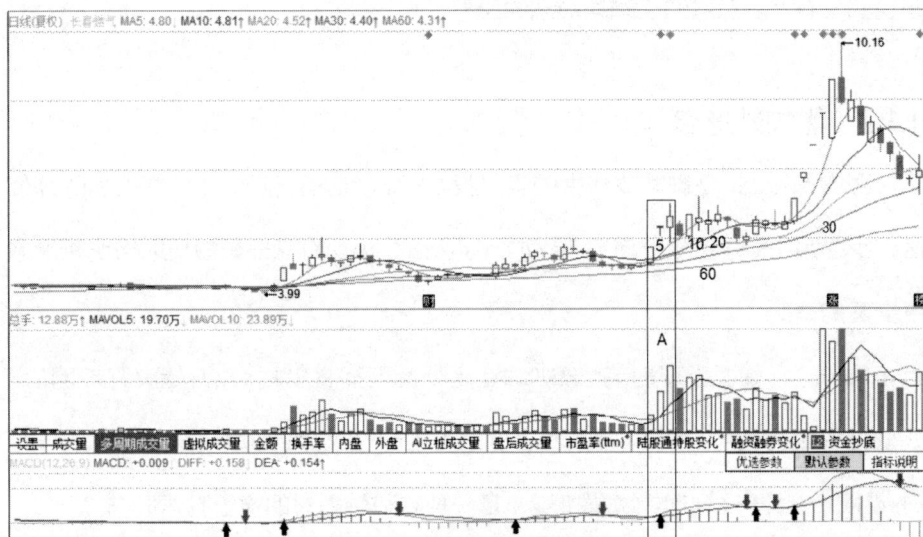

图1-1　长春燃气-日线图

实战指南：

（1）红蜘蛛形态是均线多头排列初期时的一种形态，意味着上涨趋势的开始，所以是波段操作中的买入形态，但实际操作中经常出现三根短期均线向上期间，ＭＡ60是略向下运行的，这种情况下的股价也经常会在其后发动持续上涨，但却不能以红蜘蛛战法来操作。

（2）红蜘蛛形态只是蜘蛛战法中的技术买入形态，并不意味着一出现就可以放心地买入股票，为了确保红蜘蛛形态为可靠的股价向上攻击形态，还必须得到其他指标的辅助判断来确认，同时还要满足量价齐升买点的要求后，方可买入股票。

（3）由于不是所有的红蜘蛛形态都能够形成持续的快速上涨，不少情况下出现红蜘蛛形态后，股价只是震荡幅度加大的弱势震荡，甚至不排除震荡走强后的震荡走弱。因此，在实战时一定要确认红蜘蛛形态为量价齐升状态时，方能买入股票。且在判断红蜘蛛形态前，必须严格按照选股要求进行选股，这样才更有利于找到具有上攻意愿的红蜘蛛形态的股票。

1.1.2　黑蜘蛛形态

黑蜘蛛形态，是蜘蛛战法中的卖出股票形态，是指当股价在持续上涨的高位区，当短期均线中止向上运行，转为向下运行时，出现有三根最短周期均线相继向下交叉的情况。

由于这种情况出现时，就像蜘蛛在高处结网捕食猎物后，开始离开蛛网，寻找低处安歇的地方，所以，意味着股价的上涨已经结束，形成明显的向下运行趋势。因此，这种形态叫作黑蜘蛛形态，是一种趋势转弱时的卖出股票形态。

形态要点：

黑蜘蛛形态形成前，必须在日线图上有一段明显的股价上涨趋势，通常发生在高位转跌的初期，是在MA5转向下运行的同时，带动MA10和MA20开始由上行转下行时同时交叉的情况。

由于黑蜘蛛形态形成时，K线往往形成高位短线调整的次高点，所以无须其他指标辅助确认，只要成交量为较大阴量或持续阴量，甚至是大幅缩减的阳量时，股价滞涨形成次高点时，即应果断卖出股票。

图1-2所示为湖南海利（600731）日线图，在持续上涨中，股价于A区域创出近期新高后，开始震荡盘整，到A区域后，MA5开始带动MA10、MA20向下运行，并出现相继向下交叉，形成三根K线向下交叉的情况，在此期间，虽然MA60依然保持向上运行，但形成黑蜘蛛形态，且K线次高点形成，出现阴线快速下跌，成交阴量持续出现，符合卖点要求，应果断卖出股票。

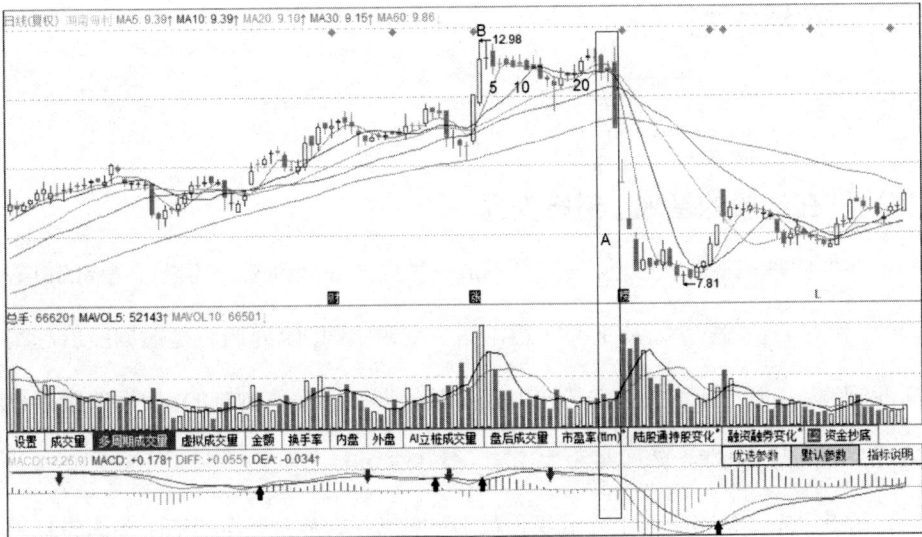

图1-2　湖南海利–日线图

实战指南：

（1）黑蜘蛛形态是上涨趋势转下跌时的趋势卖点，通常适用于短期未出现大幅快速上涨的股票，为趋势反转向下的卖出形态，但必须符合持续阴量下跌或放量下行，甚至是高位滞涨要求时，才能成为卖点。

（2）如果投资者操作的是短期快速暴涨类的股票，往往黑蜘蛛形态只能作为趋势转弱时的逃命卖点，因为暴涨类股票的卖点，应以股价在高位区出现的K线组合中的量价卖点为准。

（3）在判断黑蜘蛛形态时，三根最短周期的均线相继向下交叉为主要的判断依据，但同时往往也会形成股价短线高速再冲高时的次高点。在少数情况下，这一再冲高的高点，也会在震荡中刷新前期高点，但只要形成量价齐跌的黑蜘蛛形态，就要果断卖出。

1.2 交易原则

1.2.1 在选股的基础上进行交易

在根据蜘蛛战法实战前，一定要养成一种先选股后判断行情进行交易的良好习惯，所有的炒股技术，几乎都在遵循这一交易原则，因为选股是根据股价趋势演变规律，从股价最容易由弱势转为强势前的形态出发所制定的，根据选股基础进行分析判断和交易，能够减少失误率，提升成功率。

因此，选股能够无形中降低操作失败的概率，实战前一定要明白在选股基础上进行交易的原则，并严格执行。

具体要求：

选股阶段，一定要严格按照技术面+基本面的要求，优选技术面弱、基本面强的股票，不能只是根据技术面操作而忽略对基本面的观察，也不能只是注重基本面而忽略技术面的要求。在完成选股进行交易前，必须严格按照蜘蛛战法的红蜘蛛形态+量价齐升的买股要求进行观察和判断，符合要求时再进行交易。

如图1-3所示，格林美（002340）在2020年7月至2020年12月期间的A区域，K线水平小幅震荡期间，MACD双线呈相距较近的弱势震荡，符合技术面长期弱势震荡的选股要求，这时再观察图1-4中个股资料内的财务概况发现，在2017—2020年的三个财务年度数据显示，在净利润、基本每股收益等方面保持着稳定的持续盈利状态，只在净利润同比增长率上略有波动，并在2020年因为疫情，导致业绩略有下滑，但依然呈大幅盈利状态，并且净资产收益率常年保持在60%左右的水平，因此符合技术面弱、基本面强的选股要求，A区域后形成红蜘蛛形态+量价齐升买点时，即可果断买入股票。

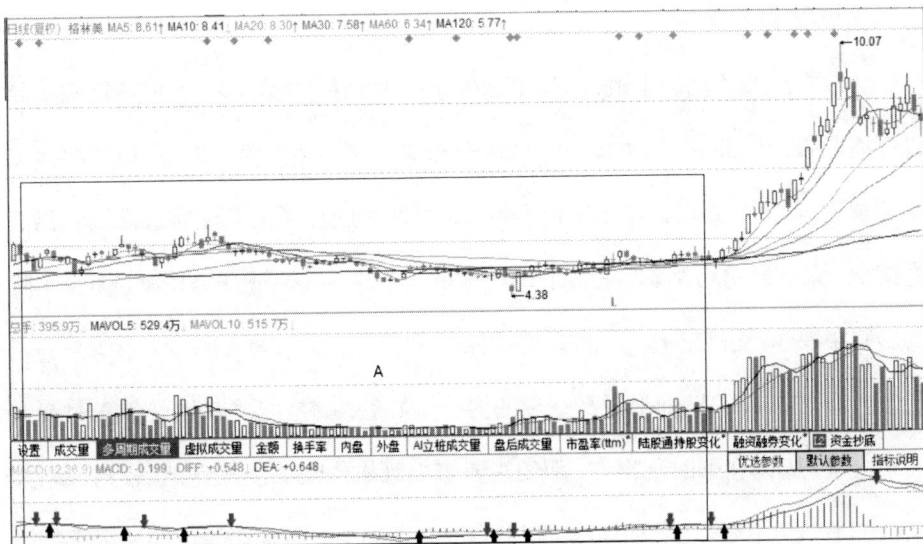

图1-3　格林美-日线图

格林美 002340

科目\年度	2020	2019	2018	2017	2016	2015
成长能力指标						
净利润(元)	4.13亿	7.35亿	7.30亿	6.10亿	2.64亿	1.54亿
净利润同比增长率	-43.90%	0.68%	19.66%	131.42%	71.02%	-26.93%
扣非净利润(元)	3.51亿	7.06亿	6.57亿	6.05亿	1.79亿	7300.91万
扣非净利润同比增长率	-50.33%	7.41%	8.66%	238.00%	145.10%	-38.04%
营业总收入(元)	124.66亿	143.54亿	138.78亿	107.52亿	78.36亿	51.17亿
营业总收入同比增长率	-13.15%	3.43%	29.07%	37.22%	53.13%	30.91%
每股指标						
基本每股收益(元)	0.0900	0.1800	0.1900	0.1600	0.0700	0.0600
每股净资产(元)	2.78	2.53	2.38	1.97	2.36	4.51
每股资本公积金(元)	1.12	0.84	0.85	0.53	0.97	2.96
每股未分配利润(元)	0.64	0.67	0.53	0.41	0.34	0.53
每股经营现金流(元)	0.18	0.18	0.24	0.06	0.04	-0.21
盈利能力指标						
销售净利率	3.43%	5.22%	5.61%	6.07%	3.82%	4.27%
销售毛利率	16.66%	18.09%	19.16%	19.90%	15.71%	17.12%
净资产收益率	3.38%	7.26%	8.75%	8.43%	3.95%	3.42%
净资产收益率-摊薄	3.10%	7.01%	7.39%	8.11%	3.83%	2.35%

图1-4　格林美-个股资料-财务概况

实战指南：

（1）在选股的基础上进行交易的原则是一种良好的操盘习惯，但不是说未经过严格选股，在即时行情中按照红蜘蛛形态买股就必然会导致失败，只要严格按照要求进行，同样是可以的，只不过事先通过严格选股后再来观察进行的交易更为便捷，尤其是对初学蜘蛛战法的朋友们而言，从一开始就严格按照选股、买股的步骤来操作，更能培养出一种良好的操盘习惯。

（2）在选股的基础上进行交易的另一个好处，就是能够有效避免即时观察的不准确。因为在即时观察时，即便投资者熟悉蜘蛛战法的操作，也容易忽略掉某些细节，造成失误，因为即时观察很容易会受到即时行情中股价快速上涨的影响，造成股价短期放大强势、漠视内在风险的局面。所以，在实战前必须严格遵守在选股的基础上进行交易的原则。

1.2.2　买点成立后再交易

投资者在根据蜘蛛战法操盘前，一定不要只注重红蜘蛛形态，因为红蜘蛛形态只是说明技术形态存在强势的征兆，并不一定确保其后短期股价能够真正持续走强，所以，红蜘蛛形态必须满足买点要求，即量价齐升形态的买股时机时，才能证明趋势的真正转强，这时方可进行交易。

具体要求：

买点成立后再交易的主要原则包括两项内容：一是红蜘蛛形态的成立；二是符合要求的量价齐升形态的买股时机。这两点必须同时满足，才会构成蜘蛛战法的买股时机。

如图1-5所示，长春燃气（600333）在持续震荡的弱势中，进入A区域形成中长期均线上行、上方三条短中期均线向上交叉的红蜘蛛形态，MACD双线在

0轴上方向上发散运行，符合红蜘蛛形态的要求，同时量价形态中持续放量上涨明显，买点成立，应果断买入股票。

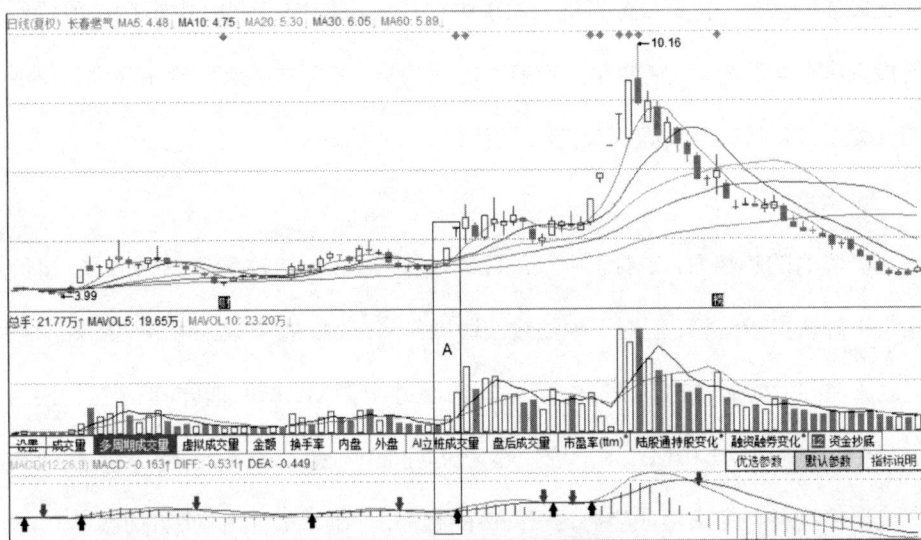

图1-5　长春燃气-日线图

实战指南：

（1）在根据买点成立后再交易的原则操作时，一定不要忽略其中最为关键的一个环节，就是判断红蜘蛛形态时必须得到其他指标的辅助判断，必须在均线红蜘蛛形态期间，得到其他技术指标的助涨要求时，方可确认为红蜘蛛形态，同时又满足量价齐升买点的买股时机要求后，才能进行交易。

（2）买点就是买股时机，也就是红蜘蛛形态的强势状态满足股价由弱势转为强势时的成交量突变要求，即四种量价齐升买点中任意一种形态成立时，方可进行交易。

1.2.3　卖股时尊重趋势方向

由于蜘蛛战法中的黑蜘蛛形态是股价趋势由强转弱的确认，而确认下跌趋势成立时，必然是短期强势明显遭到破坏，此时，大多数情况下只是波段操作中的趋势确认弱势时的卖点，已错过最佳的卖出时机，所以，只有中长线波段操作时才是最佳的卖点，很多投资者更习惯于中短线波段操作，因此，中短线波段操作的投资者在卖股时，一定要尊重当前的短期趋势变化，并结合股价在高位区出现的五类量价齐跌卖点来确认最佳的中短线波段卖股时机。

具体要求：

卖股时的趋势方向，对于中长波段的投资者来说，应注重黑蜘蛛形态＋量价卖点来确认卖股时机，但对于中短线波段操作者来说，应采取未形成黑蜘蛛形态时股价在高位区形成的五类量价齐跌卖点，即小盘股MA5快速转向下运行初期，或是中大盘股MA5和MA10形成短线死叉期间的五类量价齐跌卖点中的快速向下或盘整状态来确认短期趋势转弱向下的趋势，并确认最佳的卖股时机。

如图1-6所示，湖南海利（600731）若前期买入股票，投资者为中短线波段操作者，可在B区域巨量下跌时为中短线卖出股票的最佳时机，而不要在A区域形成盘整黑蜘蛛形态时再卖出股票；因为这只股票是小盘白马股，若是以价值投资为主的中长线投资者，可以忽略A的卖点，根据日线图上的大趋势，即C区域黑蜘蛛形态出现持续阴线阴量的量价齐跌期间，MA5在跌破下方MA20后依然下行向MA30靠近，且MA30已转为下行、MA60转为平行时，确认中长期趋势已明显变坏，这时方可卖出股票。

实战指南：

（1）在蜘蛛战法中，由于投资者波段操作时存在着中短线波段和中长线波段的区别，所以，卖股时尊重趋势方向的交易原则，同样存在着一定的区别，执行时应根据不同的波段操作区别对待。

（2）中短线波段操作者在卖股时尊重趋势方向期间，应主要以短期趋势转弱的原则来确认短线卖出时机，但由于小盘股和中大盘股转弱时的特征不同，所以小盘股趋势转弱时，往往更为迅猛和快速，通常表现为MA5快速转下行或未转下行时，即形成量价齐跌卖点，这时即是中短线的最佳卖股时机。而中大盘股在趋势转弱时，则通常表现为高位盘整，一旦量价满足盘整的要求，即会成为最佳的中短线卖股时机。

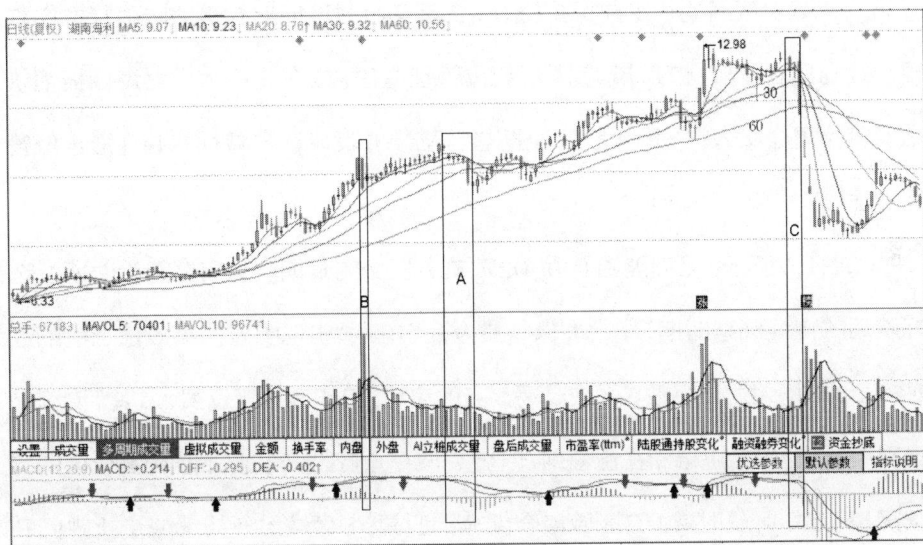

图1-6 湖南海利-日线图

（3）中长线波段操作者在卖股期间尊重趋势方向时，则更应注重黑蜘蛛形态+量价齐跌卖点的要求来选择最佳的卖股时机，但这一点只是针对日线图上的观察，若是观察周线图时，则应按照日线图中短线波段操作的要求来寻找最佳的周线趋势卖股时机。

1.2.4 严格在仓位管理方法下交易

投资者在根据蜘蛛战法操作前，一定要先学会蜘蛛战法中的三种仓位管理方法，因为科学的仓位管理方法，能够更合理地根据趋势的变化进行交易，买股时在趋势转强初期有效规避风险的情况下进行逐级加仓，趋势转弱初期在锁定收益的前提下，逐步进行减仓，直到清仓。因此，严格在仓位管理方法下交易是保证蜘蛛战法操盘获利的重要交易原则。

具体要求：

蜘蛛战法中的仓位管理方法，主要体现在三个方面：一是在选股期间及选好股后的持续观察时期一定要保持空仓；二是买股时可根据趋势的转强状态实施轻仓建仓后逐步加仓的倒金字塔形仓位管理方法，或在股价表现为短期极强状态时直接重仓买入；三是卖股时根据趋势及量价表现逐步减仓的漏斗形仓位管理方法。

如图1-7所示，深圳能源（000027）在A区域的长期弱势震荡选股时期及选好股后的持续观察时期，一定要保持空仓，当B区域出现明显持续放量上涨的红蜘蛛形态时，因为是突破A区域震荡高点的启动，应果断以半仓买入，其后G区域出现缩量涨停时，应果断在涨停前加仓，完成重仓持股；到C区域出现高位区的持续阴量下跌，可及时减掉G区域加仓部分的股票；D区域出现持续放量止跌回升时果断再加仓；E区域为明显放量下跌时可再次减掉D区域加仓的股票数量；到F区域时出现股价在翻倍后的高位巨量下跌，应果断进行清仓操作。这就是利用蜘蛛战法操盘全过程中的空仓、建仓、加仓、减仓、清仓的仓位管理方法。

实战指南：

（1）蜘蛛战法的仓位管理方法，主要包括三种：学会空仓、倒金字塔形仓位管理方法和漏斗形仓位管理方法。要想严格遵守这三种仓位管理方法的交易原则，必须学会其不同的操作方法和对操作时机的把握。

（2）严格在仓位管理方法下的交易原则，在执行时主要针对那些股价在弱势转强势初期和强势转弱势初期表现不够强势的股票，如果在趋势反转初期股价强弱转换时表现为强烈时，则应直接重仓买入或一次性清仓卖出。

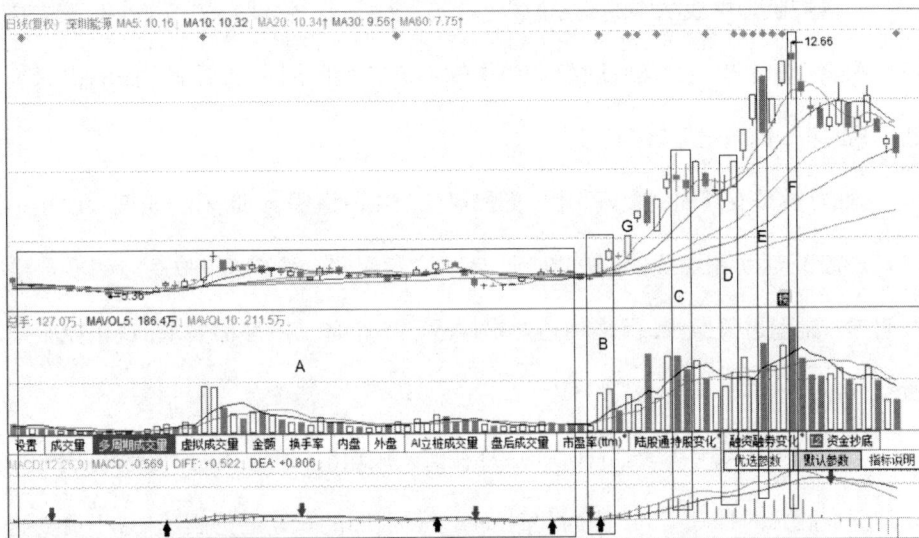

图1-7　深圳能源-日线图

（3）对于中长线操作的投资者来说，倒金字塔形仓位管理方法的买入仓位管理和漏斗形仓位管理方法的卖出仓位管理更为适用，但无论是中长线或短线波段操作者，空仓的要求是一样的。

1.3　交易纪律

1.3.1　克服贪婪

贪婪是人类的本性，尤其是对于进入股市的投资者来说，想要完全克服贪婪是一件很难的事情，因为投资者之所以进入股市，就是因为受到股市快速造富现象的吸引。但进入股市后要想长久获利，就必须节制性地克服贪婪，像巴菲特一样，学会在什么时候贪婪，在什么时候恐惧。

克服贪婪的方法：

严格按照蜘蛛战法中的交易原则、操盘纪律、仓位管理方法和操盘步骤去执行，根据红蜘蛛形态的买股时机和黑蜘蛛形态的卖股时机及提前卖股时机来判断交易时机，机械化地去操作。

同时，养成交易时的良好习惯，即操盘步骤中的选股、判断和分析买股时机，以及持股的判断和卖股时机的判断，其间注意遵守仓位管理的方法。只要严格按照这一流程进行操作，就能通过对蜘蛛战法各个环节的严格要求，真正克服掉贪婪。

如图1-8所示，中集集团（000039）在买入股票时，不要在左侧股价创出6.63元的低点回升时抄底买入，因为此时尚属于选股时的长期弱势震荡，过于贪婪地去抄底，风险很高，应在其后A区域形成红蜘蛛形态+量价齐升买点的要求时再买入股票。其后在上涨趋势的震荡中，可保持在持股状态下持续观察；或是先卖出股票，等到B区域再次形成红蜘蛛形态的量价齐升时买入股票，其后震荡后放量上涨突破C区域，成为加仓时机；到了持续上涨的高位区，股价在翻倍后的持续上涨中进入D区域，形成高位区的持续放量上下跌，应果断卖出股票，至少是卖掉大部分股票；到其后的E区域，形成量价齐跌的黑蜘蛛形态，应果断清仓离场。

这一个从买到卖的过程，就是严格按照蜘蛛战法的操盘步骤和要求进行交易，实战时只要严格按照这一个操盘过程中的具体要求去执行，就能够有效地克服掉贪婪。

实战指南：

（1）在实战期间克服贪婪，一定要在选股期间遵守保持空仓的仓位管理方法，因为若是无法保持空仓，则选股就失去了意义，一旦其后选好股并判断准买入时机，是根本没有资金买入的。

（2）要想做到在选股期间保持空仓，就不要总是喜欢在选股期间去盯盘，尤其是对龙虎榜上短期强势股的观察，这样就直接斩断了受诱惑的可能，自然不容易在贪婪下去盲目操作了。

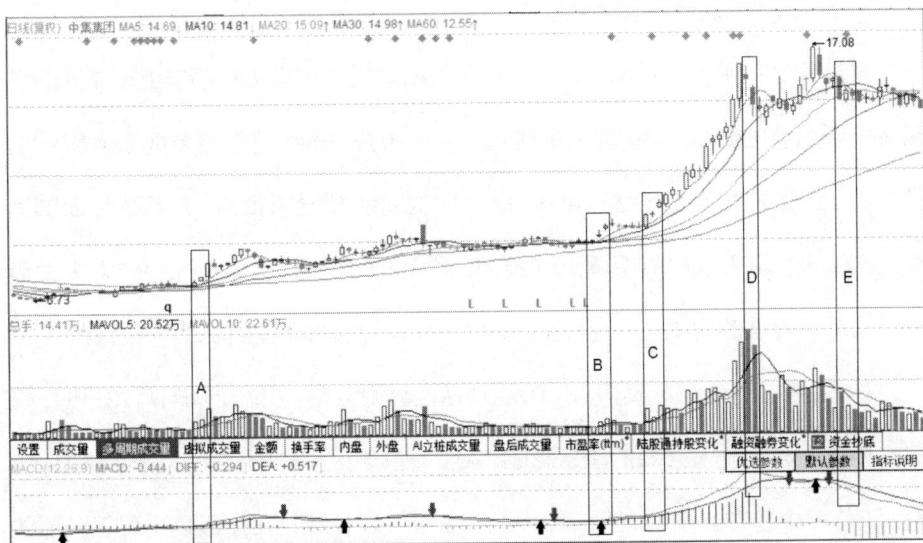

图1-8　中集集团-日线图

（3）在买入股票后，一旦出现判断失误，必须要敢于承认错误，做到及时止损，而不要去补仓操作，因为补仓操作只有在解套时方可使用，而在蜘蛛战法中是不允许如此操作的，因为买入失败后的补仓行为，本身就是一种贪婪的交易行为。

（4）持股与卖股时的交易，一定要果断，以现价交易为主，哪怕是操作失败了也不要后悔，因为已经获利了，这样就不会存在贪婪之心滋生的"土壤"。

1.3.2　不靠消息交易

在股市中，消息往往对股价的走势会产生一定的影响，因为股价上涨的逻辑是公司的利好出现导致业绩的增长，下跌的逻辑是公司利空的出现导致业绩下滑。然而股市搏的是朦胧而非现实，即上市公司存在好的利好预期，股票就会受到市场资金追捧, 上市公司存在不好的利空预期, 股票就会被市场资金远离。

然而并非所有的消息都会导致上市公司的这种利空与利好, 操盘时一定不要盲目根据消息进行交易, 要学会如何分辨利好与利空消息对上市公司的影响。

分辨消息对股价影响的方法:

(1) 常态的消息, 多从消息本身的性质和实质性出发去分析对上市公司的经营生产所造成的影响大小。只有那些真正对上市公司的生产经营造成重大影响的消息, 才会形成真正的利空与利好。反而那些业绩预增或预减、甚至是亏损的消息, 多数不会偏离机构前期调研的预判, 对股价的影响有限, 反而会成为主力借机以反散户思维的方式——利好卖出、利空买入的逆向操盘时机。

如图1-9所示, 江苏吴中 (600200) 从信息中发现, 在2021年4月13日时, 受日本核电站废水排入大海的消息影响, A股多家核污染防治概念股出现了集体爆发, 江苏吴中也在其中, 如图1-10中A区域即为4月13日当日, 股价出现了明显的放量快速涨停, 形成一根光头涨停阳线。

如果投资者根据这一消息于下一个交易日买入江苏吴中, 虽然可以看出在A区域右侧的下一个交易日, 股价表现为巨量涨停, 只要当日不是在涨停价的买入者, 均能获利, 但当日是无法卖出的。然而到了其后的交易日, 即B区域, 股价却出现明显的持续下跌, 必然会造成短线的大幅亏损。

如果再观察在此期间江苏吴中的澄清公告就会发现, 所谓的核污染防治概念, 江苏吴中这一公司根本不具有, 只不过是短线投资者在论坛上为其贴的一个标签而已, 江苏吴中是"被"核污染防治概念化了。因此, 投资者在交易时一定要养成不靠消息交易的良好习惯。

57天"废掉"半个太平洋！核污染防治概念股爆发 这家公司两连板后紧急澄清

中国证券报 2021-04-13 22:29 21191人已读

4月13日，日本正式决定将福岛第一核电站上百万吨核废水排入大海，该话题再次冲上热搜。

受此消息影响，A股核污染防治概念股集体爆发。大量投资者在交易所互动平台上询问上市公司"核污染"处理相关业务，多家公司密集回应。

序号	关键词	
☆	加快构建现代职业教育体系	
1	嘣嚓啦走海滩上的玻璃 2438201	
2	赵立坚说日本不想将福岛核废水一倒了之 2438643	
3	世界最大兔子被窃 2438590	
4	张哲瀚道出醉欢聚剧现况 1857554	
5	iPhone的随机起名 1442372	
6	909万毕业生将进入社会 1419877	
7	昆云删帐晒王菲好友申请 1237870	
8	中国女篮晋级东京奥运会 1171578	
9	离小说女主最近的一次 1131733	
10	老人去世83万存款11年无人取 817555	
11	粉丝把王源跑进屋上的伞P没了 815467	
12	于子安昆永照内容 809141	

图1-9 同花顺资讯中心

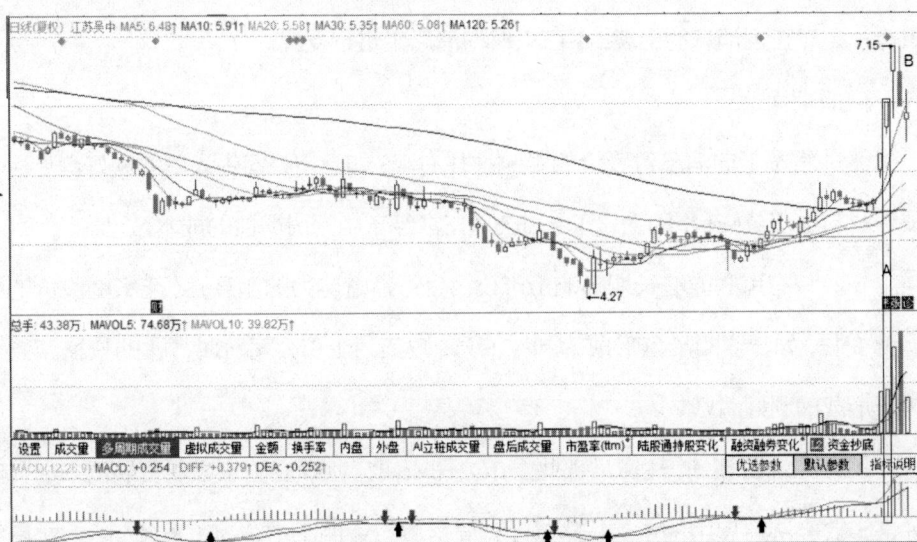

图1-10 江苏吴中-日线图

（2）非抗力的消息出现时，只有那些长期影响上市公司的利好或利空消息，才会真正影响上市公司的生产与经营，反而短期的非抗力消息，只会短期影响公司股价的波动，利空时会形成主力低位介入的良机，利好时成为主力高位出货的良机。

例如在2019年底的疫情，对医药和口罩的需求突然加大，对这两类企业的利好就属于非抗力的突发公共卫生事件对企业的影响，但因为突发性强，所以这种对相关上市公司的利好往往也是短期的，但对相关上市公司的冲击却是巨大的。

如图1-11所示，以口罩生产为主的企业延江股份（300658），出现了一轮波澜壮阔的上涨行情，但事实上这只股票前期已经经历了长期的弱势整理，刚刚出现转强，所以其后的走势才会如此凶猛。而实际上，很多相关概念的企业却并未表现得如此强势，且疫情过后，反而许多大大小小的口罩生产企业出现亏损，甚至破产，因为疫情虽然短期刺激了生产口罩的主要原材料熔喷布的价格疯涨，但疫情过后的产能过剩，口罩价格一落千丈，却造成大批生产厂家的破产。所以，投资者一定要正视消息的出现，不可只根据消息来进行交易。

实战指南：

（1）常态下的消息对股价的影响往往有限，如上市公司中大单的利好消息，或原材料上涨或降价，因为属于上市公司正常经营中的周期性的成本波动。

（2）只有那些能够长期影响上市公司生产经营能力的消息，才能影响股价的趋势变化，如行业的没落形成的利空消息，政策对上市公司所属行业的扶植和倾斜所形成的利好消息。

（3）在选股期间，往往是那些上市公司所属行业顺应国家当前发展需求时，才是国家经济发展中的主线，政策才会向这些行业的上市公司重点倾斜，为实质性利好。

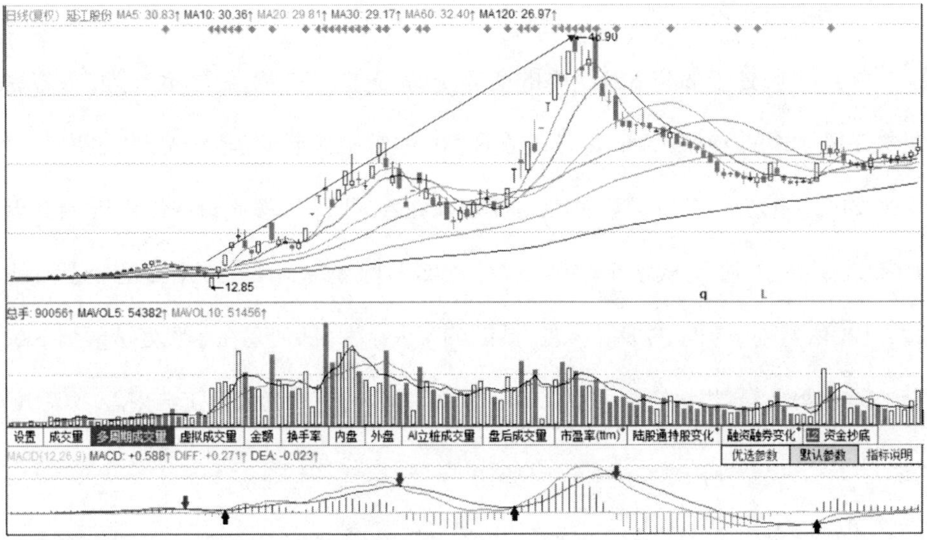

图1-11　延江股份-日线图

（4）在利用消息选股时，往往那些真正影响上市公司所属行业的重大利空与重大利好消息出现时，对行业或细分行业中的龙头公司影响较为明显，其股价才会出现持续的大幅波动，但必须结合股票的技术面综合分析。因为即便再大的利好消息，若股价涨幅巨大时，利好也不会导致股价涨个没完。而再大的利空消息，只要未影响到公司的赚钱能力，且股价跌幅巨大，已经充分消化利空时，也不会导致股价再次持续大跌。

1.3.3　不逆势交易

由于蜘蛛战法属于上涨波段的操作，所以属于趋势交易下的右侧交易，是通过寻找上涨波段开始和结束时的蜘蛛形态，进行操作并获利。而上涨波段属于趋势强的状态，所以，在交易时一定要顺势交易而不要逆势交易，因为逆势交易充满不确定性，且在大环境不好的情况下，即便个股这边独好，个股也是难以持续独善其身的，所以必须遵守不逆势交易的纪律。

逆势的两种表现：

（1）个股处于弱势下跌状态的逆势交易。这时的交易，即抄底行为，很容易抄在下跌中途的半山腰，所以，不要在逆势中抄底这类看似弱势止跌的股票。

如图1-12所示，姚记科技（002605）在A区域，虽然股价在创出近期低点后持续震荡回升，但从整个趋势上看，依然为均线空头排列，尤其是最上方的MA120依然处于明显的下行状态，此时的买入行为，即使是在个股处于弱势下跌状态的逆势交易，也极容易引发后市亏损，因为弱势下跌尚未真正结束。

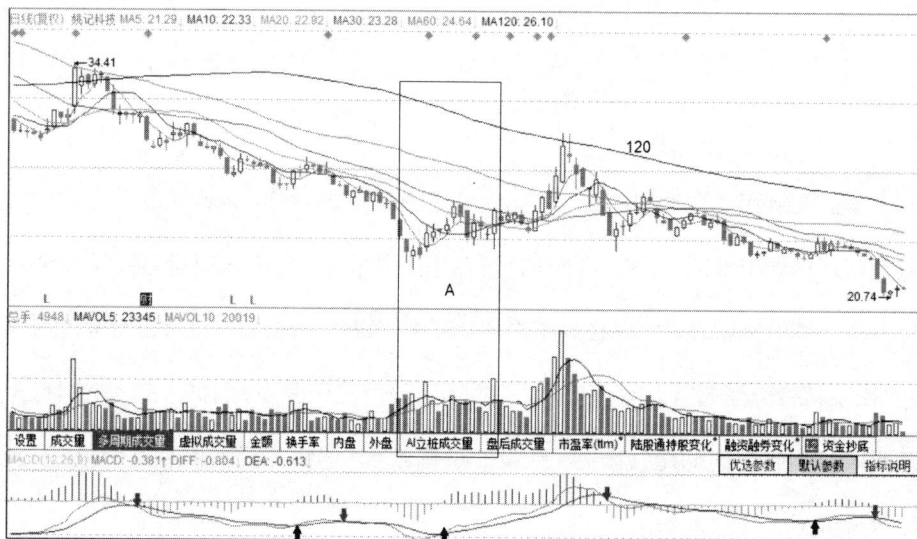

图1-12　姚记科技-日线图

（2）大盘弱势、个股强势的逆势交易。这时的交易，属于在大盘弱势状态下去操作独立于大盘行情的股票，这类股票通常稳定性极差，极难走出一轮独立行情，多数为短线的看似强势，实际上大多数时候缺乏持续性，所以也不要操作这类独立于大盘弱势的强势个股。

如图1-13所示，太阳能（000591）在A区域，虽然股价在深幅调整后出现持续回升，有转暖迹象，但是从叠加的上证指数来看，大盘当前是处于明显的持续下跌状态，所以这时不可交易，因为此时的交易属于大盘弱势、个股强势的逆势交易，很容易出现亏损，因为大盘一旦企稳，则个股极有可能会出现补跌的逆势走向。

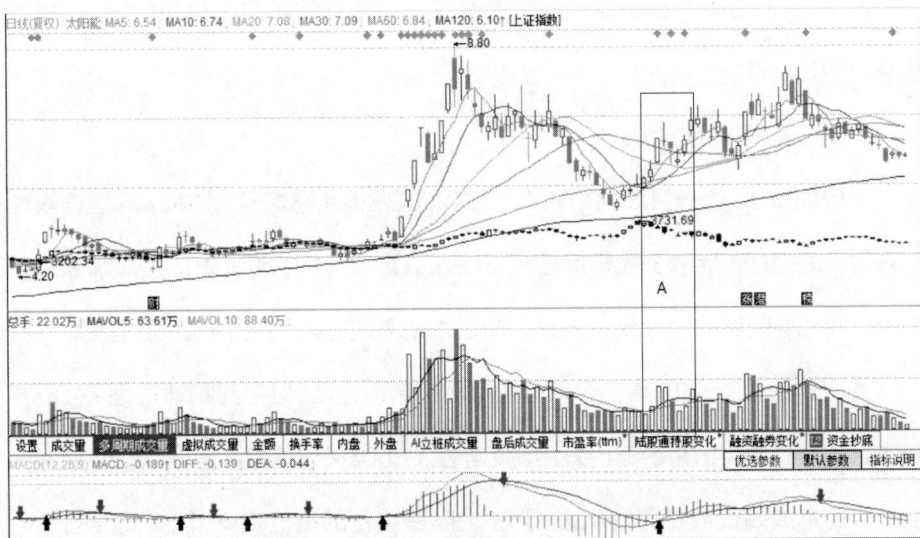

图1-13　太阳能（叠加上证指数）-日线图

实战指南：

（1）在遵守不逆势交易纪律前，一定要明白逆势的两种情况，不仅包括个股在下跌初期时的抄底交易，还包括个股强、大盘弱的逆大势时的交易。

（2）独立行情的逆势走强个股，稳定性很差，因为若是持续走强时，很容易引起市场关注，受到证监会的调查，且很容易突然爆雷，持续上涨中突然出现持续断崖式下跌。

（3）克服不逆势操盘的方法很简单，只要严格按照蜘蛛战法操盘，即可避免，因为选股环节避免了抄底的逆势交易，而买股时只要观察一下大盘，只要不是处于持续下跌状态即可安心买入。

1.3.4 大幅获利后及时止盈

无论根据哪种炒股技术操盘，都必须明白一个道理，一只股票，哪怕上市公司的业绩再优秀，其股票也不可能总是无休止地上涨，这就是股市涨久必跌、跌久必涨的规律，所以，在操盘时一定要遵守大幅获利后及时止盈的纪律，这样才能及时锁定利润。

判断大幅获利的方法：

一般情况下，当一只股票由底部上涨后，通常累积涨幅达到100%的翻倍幅度左右时，或是短期持续上涨幅度达到40%左右或以上时，即可确认为大幅获利。这时只要出现明显的快速量价齐跌，即使未构成明显卖点，也应及时止盈。

如图1-14所示的京基智农（000048），若在A区域根据红蜘蛛形态+量价齐升买点买入股票，当在持续上涨中持股到进入B区域后，虽然未出现黑蜘蛛形态，但股价却形成高位放量滞涨状态，为主力隐藏出货的量价卖点，因为此时的低位累积涨幅已达到100%左右，所以，应果断卖出股票及时止盈，因为操作已实现了从A区域买入到B区域卖出的持股期间达到60%左右的大幅获利，因此，在实战期间一定要严格遵守大幅获利后及时止盈的交易纪律，否则就会遭受其后股价持续下跌所带来的收益减少。

实战指南：

（1）要想在操盘时遵守大幅获利后及时止盈的纪律，就要明白股价在什么情况下才是大幅获利，判断的方法有两个：一是累积涨幅达到翻倍左右；二是短期持续涨幅达到40%左右。

（2）对于股价大幅获利的涨幅判断，通常是以中小盘股或是流通盘略小的大盘股为例，是从主力操盘获利的角度出发设定的，但在具体操盘时不可过于以涨幅比例为准来操作，而要遵从股价上涨趋势的变化，也就是说，即便是股价出现短期或累积的大幅上涨，或是尚未达到大幅上涨时，止盈时都要在股价短期出现量价齐跌时再来操作。

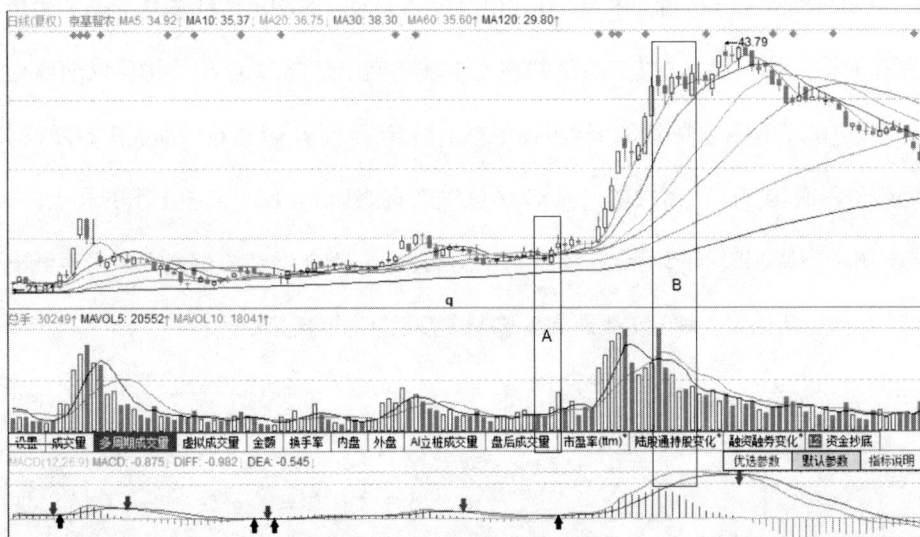

图1-14 京基智农-日线图

（3）在遵守大幅获利后的止盈纪律时，一定要明白一个道理，止盈不是股价涨到预期后即卖出，而是根据股价的大幅上涨后，一旦出现短期趋势转弱时再止盈操作。

1.3.5 及时止损

在根据蜘蛛战法操盘前，一定要遵守及时止损的纪律，因为即便蜘蛛战法中的红蜘蛛形态是趋势转强初期的征兆，但股价在弱势震荡中也经常出现震荡走强的情况，然后再次震荡走弱，也就是股价未真正结束弱势震荡整理，所以，必须遵守及时止损，以免股价在弱势走弱的情况下，一是避免忍受长期震荡的折磨；二是承受弱势下跌所带来的较大损失。

止损点的判断方法：

当红蜘蛛形态出现量价齐升时，一旦股价震荡走弱时跌破红蜘蛛形态期间量价齐升的启涨阳线低点时，即说明股价起码重回弱势震荡整理，应及时止损。

如图1-15所示的深圳机场（000089），若是在A区域出现红蜘蛛形态的量价齐升时买入这只股票，其后股价却在水平震荡后出现震荡走弱，到B区域时跌破A区域内最右侧启涨阳线的低点时，依然保持震荡下行，应果断止损卖出股票，其后股价再次转强时可再次买入，因为A区域右侧K线低点属于突破上涨的起点，一旦跌破，则说明股价起码会继续维持弱势震荡，并存在继续震荡走弱寻求更低支撑的可能，所以，必须在实战期间严格遵守及时止损的纪律。

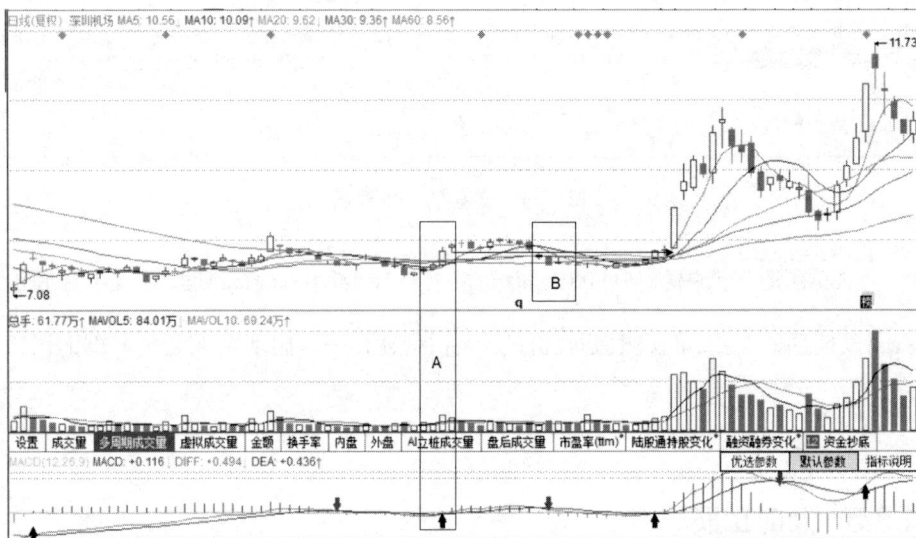

图1-15　深圳机场-日线图

实战指南：

（1）止损是操盘时重要的一条纪律，无论根据哪种操盘技术操作时，都要严格遵守，只不过不同的炒股技术，对止损位的判断略有不同，但无论如何判断，归根到底都是对股价趋势变弱的判断，所以一旦趋势变弱时，就要敢于在第一时间及时止损，哪怕是仅仅建立了少量的底仓。

（2）操盘时遵守及时止损的纪律，并不代表短期止损后就不能操作这只股票，只要其后股价强势特征明显时，如蜘蛛战法中辅助判断指标中有两个指标达到强势的量价齐升，或是弱势走弱后再次形成红蜘蛛形态的量价齐升时，均可再买入股票。

1.3.6　不追涨杀跌

追涨杀跌是短线操盘中的大忌，也是很多散户投资者最容易出现的不良习惯，最容易造成投资的持续亏损。因为追涨杀跌是看到短期强势股就卖出弱势持股去追涨再买，而一旦买入后强势出现下跌，又会卖出弱势股再去追其他短期强势股，所以会造成持续亏损。因此，在蜘蛛战法实战期间，一定要遵守不追涨杀跌的纪律。

克服追涨杀跌的方法：

（1）不要有事没事总去盯盘。因为总盯盘就容易受到盘面的影响，尤其是龙虎榜上快速涨停的股票，引发内心的冲动，最容易抱着赌博的心理去短线操作，追涨杀跌。

如图1-16所示的北方国际（000065），若是总喜欢盯盘，当发现A区域股价在持续快速涨停下好不容易出现持续上涨却未能快速封板的情况时，一旦冲动买入，则发现其后股价出现大幅震荡的快速冲高，即转为快速下跌，A区域的买入，若非短线高手，短线持股很难获利，所以不可有事没事总是喜欢在交易日内盯盘，这样才不会导致为龙虎榜上强势股的短期行情影响，做出追涨杀跌的错误操作。

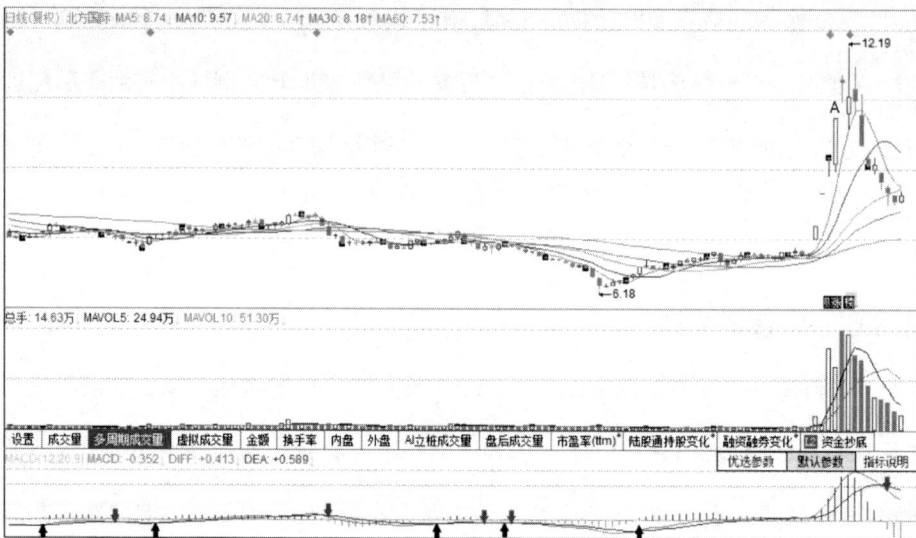

图1-16　北方国际-日线图

（2）认真学习蜘蛛战法，严格按照蜘蛛战法的操盘要求和步骤去一一执行操作，自然就不会去追涨杀跌，因为买卖股票有了依据，眼里看到的就不只是股价短期的强弱表现了。

如图1-16中的A区域，如果投资者认真学习蜘蛛战法的操盘技术，就很容易发现，A区域的情况是完全不符合蜘蛛战法的买股时机的，而是要通过选股后再去进行观察和判断，这样自然就不会在A区域看到更多的是机会，而非风险，去冒险执行追涨杀跌的操作了。因为买卖股票有了依据，自然不会以赌博的心理去贸然交易了。

实战指南：

（1）追涨杀跌是短线操盘时最忌讳的操作，属于根据股价短时的快速波动做出的冲动交易行为，因为即便是短线抢涨停板操作，也有具体的方法和纪律，所以追涨杀跌是一种盲目的操盘行为，操作期间一定要遵守不追涨杀跌的纪律。

（2）蜘蛛战法属于趋势交易中的波段操作，操作时是不注重股价短期波动的。所以，对于短期量能过盛的上涨，反而在买股时要引起注意，因此，操盘时一定要严格遵守不追涨杀跌的纪律，完全按照操作蜘蛛战法的要求和步骤一一落实。

（3）在根据蜘蛛战法操盘期间，最容易引发追涨杀跌的阶段是选股后到判断买股时间的观察和分析期间。所以，在这一时期一定要保持空仓，坚决做到不追涨杀跌。这时要全神贯注于目标股，而尽量不要去看龙虎榜。

1.4　仓位管理方法

1.4.1　学会空仓

空仓是蜘蛛战法中最为重要的一种仓位管理方法，看似简单，只要保持不买入股票即可，事实上做起来却很难，因为你要时时刻刻抑制内心的冲动，严格做到不追涨杀跌的操作。所以，在操盘前一定要明白蜘蛛战法的空仓期，这样才能在这一时期不断告诫自己：一定要保持空仓。

空仓期：

蜘蛛战法的空仓期，就是完成一轮操作后，从选股开始，到买股之前的观察和分析目标股是否形成红蜘蛛的买股时机时期，这一时期即是空仓期，一定要保持空仓。

如图1-17所示，深赛格（000058）A区域股价在技术面上表现为长期弱势震荡时，基本符合技术选股要求，这时就要通过及时观察上市公司的基本面情况来确认是否符合选股的要求，同时一定要在选股期间，甚至是选好股后的持续观察和分析行情期间，始终保持证券账户内的资金未买入任何股票，即空仓的状态。

因为一旦判断出量价齐升的红蜘蛛形态时，要确保有资金可以买入股票。

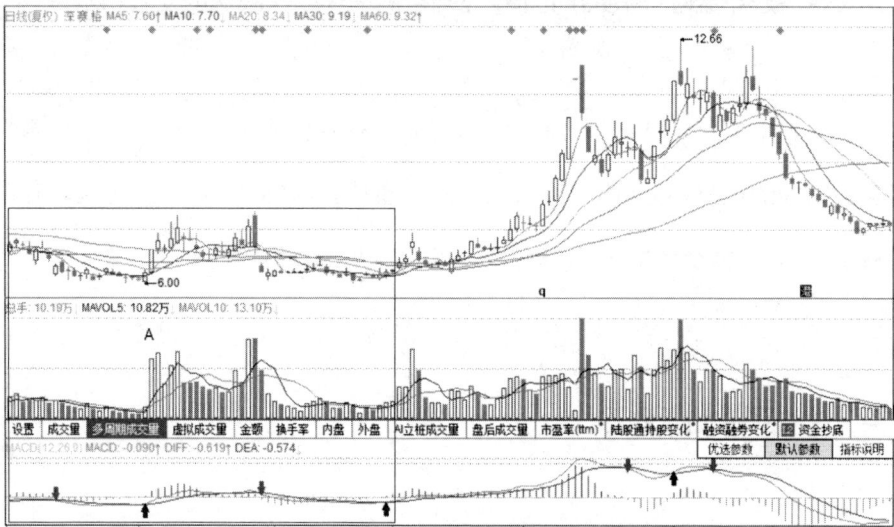

图1-17　深赛格-日线图

实战指南：

（1）空仓是所有炒股技术中买股前都必须学会的一种仓位管理方法，因为若是你不懂得空仓，就无法完成其后的买股，因为目标股表现强势了，你已经没有资金去买入。

（2）蜘蛛战法的空仓管理方法，就是选股到买股前的观察和分析目标股这一时期，在此期间一定要克服内心的冲动和贪婪，始终保持空仓。

（3）要想保持空仓，不妨在蜘蛛战法的空仓期内，给自己一个心理暗示，或是写一张字条在电脑旁，时刻提醒自己要保持空仓。

1.4.2　倒金字塔形仓位管理

倒金字塔形仓位管理，是蜘蛛战法中买入股票时的一种仓位管理方法，由于这种仓位管理方法是在底部轻仓建仓后跟随股价的回升采取逐级分批买入的方法，最终实现重仓持股。所以，从整个仓位的资金量看，是股价底部的仓位最少，越往上，也就是股价逐步上涨的过程中，持仓的资金量越大，就像一个倒立的金字塔，下方尖，上方逐级增大，所以叫作倒金字塔仓位。

倒金字塔形仓位的管理方法和具体要求：

当股价在弱势整理期间初步形成红蜘蛛形态的量价齐升时，即中长期均线上行状态下的MA5向上与MA10、MA20交叉、其他指标表现为助涨形态的红蜘蛛形成期间未表现为极强状态，但量价表现为明显量价齐升时，以总资金量的20%左右建仓；随后均线一旦形成明显的量价齐升的均线多头排列时，再以资金量的20%左右买入；当股价在均线多头排列中出现明显的加速上涨时，再买入总资金量的20%，以完成50%~60%的重仓持股。

如图1-18所示，深圳华强（000062）若是在A区域根据红蜘蛛形态+量价齐升买点时以20%的资金买入股票，在其后的B区域出现明显均线多头排列的中阳线放量加速上涨，或是其后C区域出现均线多头排列下的MA明显加速上涨的长阳线加速上涨时，均应采取持续以20%或30%的资金加仓买入，以实现70%以内的重仓持股。这种持续买入的操作，就属于蜘蛛战法中的倒金字塔形仓位的管理方法。

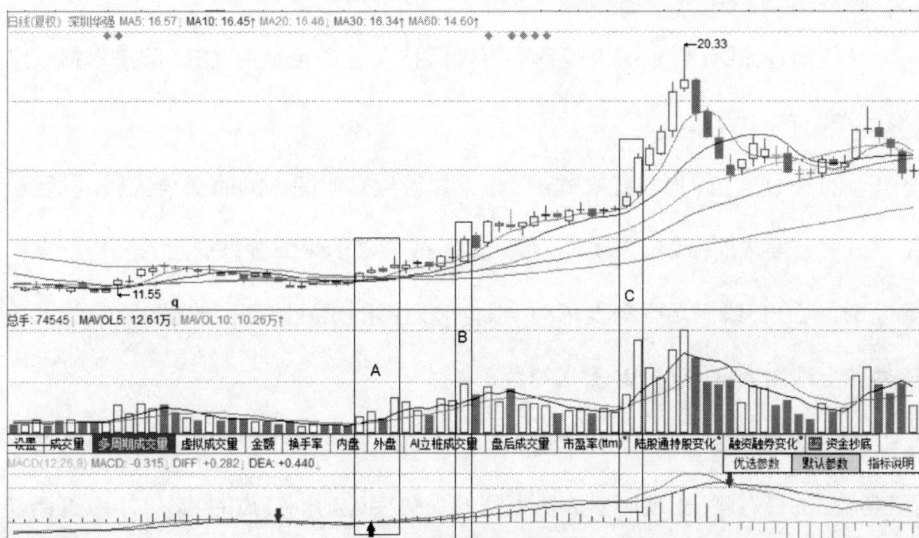

图1-18　深圳华强-日线图

实战指南：

（1）倒金字塔形仓位管理是一种通过持续买入的方式，缓慢实现重仓的仓位管理方法，这种方法看似是在股价上涨中每一次买入的成本都在抬高，持股成本也在整体抬升，但却是一种安全的买股方式。

（2）倒金字塔形仓位管理适用于那些股价在转强初期明显上涨，但上涨又不十分强烈的股票，但必须根据红蜘蛛形态+量价齐升的要求首次买入，其后是技术上涨形态越强时越买入，一直到完成重仓的投资比例为止。

（3）根据倒金字塔形仓位管理方法操作时，一定要注意，建仓后若是达到止损要求，即股价未如期持续上涨时，应中止其后的持续买入，及时止损。

1.4.3 重仓管理

重仓是蜘蛛战法中一种重要的仓位管理方法，因为在重仓时，是直接以重仓的资金买入股票，所以，相对于倒金字塔形仓位管理，重仓管理更为重要，所以，在实战前一定要明白重仓资金的比例要求，以及什么情况下才能采取重仓操作。

重仓比例及买入时机的具体要求：

（1）重仓比例：要求买入股票的资金保持在总资金量的70%，即基本持仓比例在2/3左右即可。

（2）重仓时机：形成红蜘蛛形态期间，得到其他指标的助涨确认后，满足量价齐升买点要求时，股价表现为强势上涨，或突破弱势震荡高点后的强势状态。判断时，应在日线满足强势要求时，根据分时图的平开或高开放量、股价线大角度快速上涨为依据，直接重仓一次性买入。

如图1-19所示，中兴通讯（000063）在A区域形成红蜘蛛形态+温和放量上涨买点后的最右侧，出现明显放量上涨的强势突破前期高点的情况时，应直接以总资金量的50%~70%的重仓比例买入股票，因为红蜘蛛形态期间的温和放量上涨虽然是相对较弱的买点，但其后的明显放量上涨的阳线突破高点，证明股价的短期强势，是加速上涨的开始，所以可直接重仓买入。

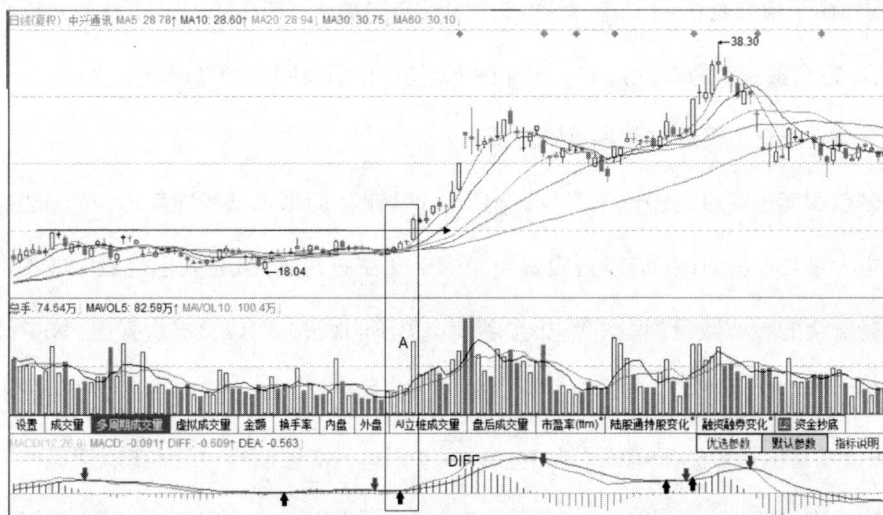

图1-19　中兴通讯-日线图

实战指南：

（1）如果是对蜘蛛战法的技术掌握尚不够熟练的投资者，不应采取重仓或倒金字塔形仓位管理方法来实战操作，而应先以轻仓的方式操作，边熟练技术边具体操作，只有熟练掌握技术并能够运用自如时，方可重仓操作。

（2）重仓操作的原则是必须在达到蜘蛛战法中红蜘蛛形态和买股要求时，股价表现为短期强势时来操作，在日线图上观察，往往为平量或缩量的涨停阳线，甚至是放量不过大的T形涨停线。

（3）重仓操作时，允许适当放宽买入股票的资金量比例，但不可达到80%的资金比例，更不可全仓操作。

1.4.4　漏斗形仓位管理

漏斗形仓位管理是蜘蛛战法中非常重要的卖出股票时的仓位管理方法，是指在股价大幅上涨后出现卖点不够明显，或是无法判断出主力是在高位区快速洗盘还是出货时，先卖出大部分股票，然后根据股价弱势的状况再一次或多次卖出股票。由于从持仓资金上看，首次卖出的资金量最大，其后卖出时的资金量逐级变少，持仓资金就像在通过一个漏斗往下漏东西，所以叫作漏斗形仓位管理。

漏斗形仓位管理方法和具体要求：

首次卖出时应在股价于高位区出现快速转跌，但未形成明显卖点，或无法确认主力是否在洗盘时，应以持股资金量的50%左右为准，或是卖出持股中成本资金量折合的股票数量；再次卖出时，若卖点仍不明晰时，可以分多次卖出，即持续量价齐跌弱势震荡时，再卖出部分持股，量价齐跌卖点明显时清仓；或是在首次卖出后，直接持股到黑蜘蛛形态的量价齐跌时再一次性清仓；或是在短期操作价值型投资标的股时，则应在短期量价卖点明显时卖出大部分股票，待黑蜘蛛形态量价齐跌时，再清仓卖出。

如图1-20所示，天健集团（000090）若是在A区域以红蜘蛛形态+量价齐升买点买入股票，在其后的持续上涨中进入B区域，股价的低点累积涨幅已超过100%，且表现为持续大阴量下跌的短线卖点，应果断清仓卖出。但若是长期看好这只股票，则应在B区域起码卖出50%左右的资金持股数量，或是卖出A区域买入股票时的资金量所折合的股票数量，即卖出成本，只留下获利的资金量持股，一旦股价在高位震荡中进入C区域，形成黑蜘蛛形态+量价齐跌卖点时，就应果断清仓出局。

实战指南：

（1）在采取漏斗形仓位卖出股票时，往往股价在大幅上涨后出现量价齐跌卖点不明显时开始实施首次卖出的减仓，减仓数量应至少在半仓，甚至可以采取卖出买入时的成本资金折算的股票数量。

（2）漏斗形仓位管理方法，更适用于那些上涨趋势转下跌的过程相对缓慢的股票，尤其是那些价值投资的大盘股，但若是中长线投资者在小波段操作时，一旦卖出后股价止跌回升明显时，则应再买回来，即永远留有30%左右的仓位，但仅限于长期价值投资的标的股。

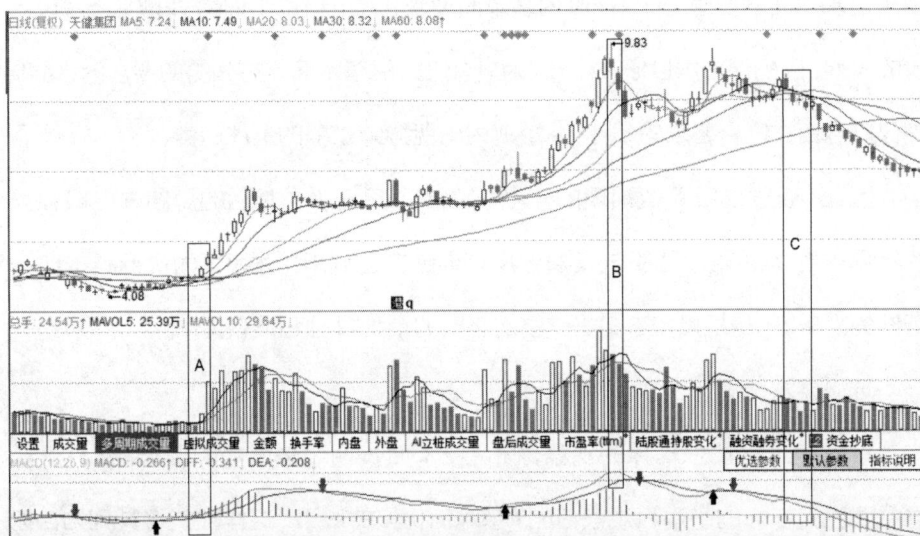

图1-20　天健集团-日线图

（3）投资者在根据漏斗形仓位管理方法卖出股票时，如果是股价在短期大幅上涨后（短期涨幅接近100%左右甚至更高时）出现明显的量价齐跌卖点，或是直接形成黑蜘蛛形态的量价齐跌时，应果断清仓。

1.5　操盘步骤

1.5.1　步骤1:选股

在蜘蛛战法实战中，选股是操盘的第一个步骤，虽然这一环节不涉及交易，但却是交易前重要的准备环节,这就像狙击手在狙击目标前的瞄准训练一样,不只是端着枪在那里简单地瞄靶训练准度,还要综合当前的风速大小等影响因素,这样在执行狙击任务时才能做到准确击中目标。

选股同样是这个道理,不仅是要求目标股必须符合技术面走势的要求,还必须满足基本面的要求,而目标股的基本面要求,就像狙击手训练时的综合考虑当前的风速,以确保击中目标一样,因为只有股票的基本面具有强势的要求时,才能确保基本面在符合要求的条件下,短期内出现持续走强的上涨趋势。

因此,通过选股看似烦琐的"大海捞针",目标股在其后的短期内出现强势的概率才更高。所以,选股就是通过反复训练在达到狙击水平下为执行狙击任务所做的准备工作,是投资者狙击交易前必要的前提基础和准备工作。

选股要求:

首先通过对技术指标的观察,符合技术面长期弱势震荡的要求,然后再通过主要四大指标的基本面观察,选择基本面优良的股票,这样才能将其列为目标股,放入自选股留待持续观察。

如图1-21所示,东方雨虹(000301)在2020年8~10月的A区域,股价长期弱势震荡期间,MACD表现为双线相距较近、几近黏合状态的水平小幅震荡,符合技术的长期弱势震荡选股要求,这时就要及时观察图1-22个股资料中的财务概况所反映出的基本面情况。

通过近四年的公司年度财务概况的观察发现,在净利润、基本每股收益、净资产收益率等几个主要指标的情况,反映了公司保持持续稳定的盈利状态,所以符合技术面弱、基本面强的选股标准,应加入自选股作为目标股持续观察和判断分析。

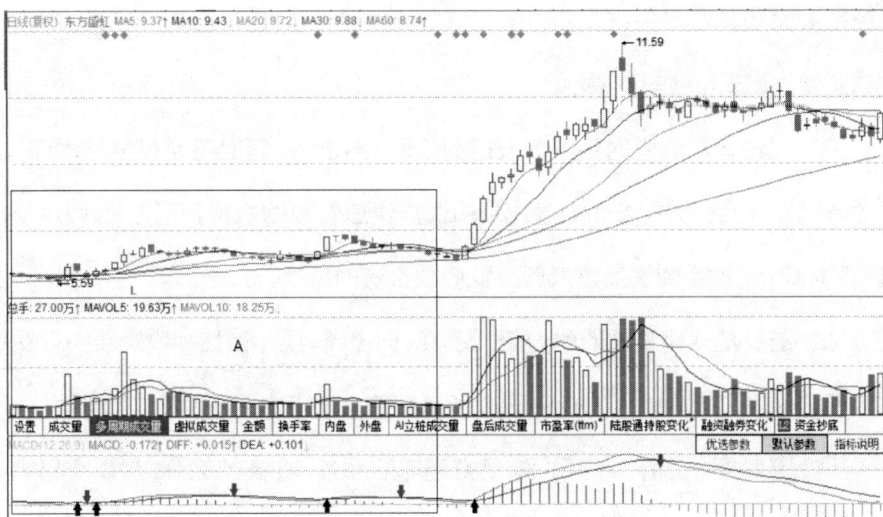

图1-21　东方雨虹-日线图1

图1-22　东方雨虹-个股资料-财务概况

实战指南：

（1）选股在蜘蛛战法中是非常重要的环节，因为其后的交易都是要通过对目标股的观察和判断来进行交易，所以，实战选股时不只是选出几只股票，而是通过选股建立属于自己的股票池。

（2）投资者在选股时，不能只注重技术面的走势，同时还要观察基本面，这样才能确保其后买股时股价容易出现由弱势快速转强的概率，所以，选股不仅是选出目标股，同时也能够通过选股降低股票投资的风险。

（3）选股是一件繁重的体力活，没有任何捷径可走，虽然炒股软件中存在形态选股的一键筛选功能，但并不准确，所以只能从两市中一一手动去筛选。

（4）选股期间不涉及交易，但是交易前的准备，准备越充分，其后交易的成功率越高，因此，在选股期间应始终保持空仓。

1.5.2　步骤2：判断红蜘蛛形态

在完成蜘蛛战法中的选股工作后，下一个操盘步骤就是判断红蜘蛛形态，这一环节同样是操盘中买股的核心，因为是否能够准确判断出红蜘蛛形态，直接关系到其后股价趋势的变化，以及是否能够买入后实现获利。因此，判断红蜘蛛形态是买股环节中的首要任务和买股基础。

判断红蜘蛛形态的要点：

严格按照红蜘蛛形态的定义，主要包括三点核心内容：一是MA5、MA10、MA20三条线向上交叉时，K线是否站上了MA5；二是MA30和MA60是否为起码平行略上行状态；三是满足其他指标的攻击或助涨要求。只有全部满足这三个条件时，方可确认为红蜘蛛形态，才能进行下一步的操作。如通过选股步骤将东方雨虹作为目标股后，即可进行第二个步骤，观察和判断红蜘蛛形态。

如图1-23所示，东方雨虹（000301）在股价处于长期弱势震荡期间，一旦进入A区域，K线站上MA5上方的同时，出现了MA5、MA10、MA20三条向上交叉，MA30和MA60处于平行略向上运行的状态，MACD表现为双线相距较近水平状态下的DIFF线突然向上翘起的攻击形态，符合红蜘蛛形态的要求，这时即可进行下一步的买股时机判断。

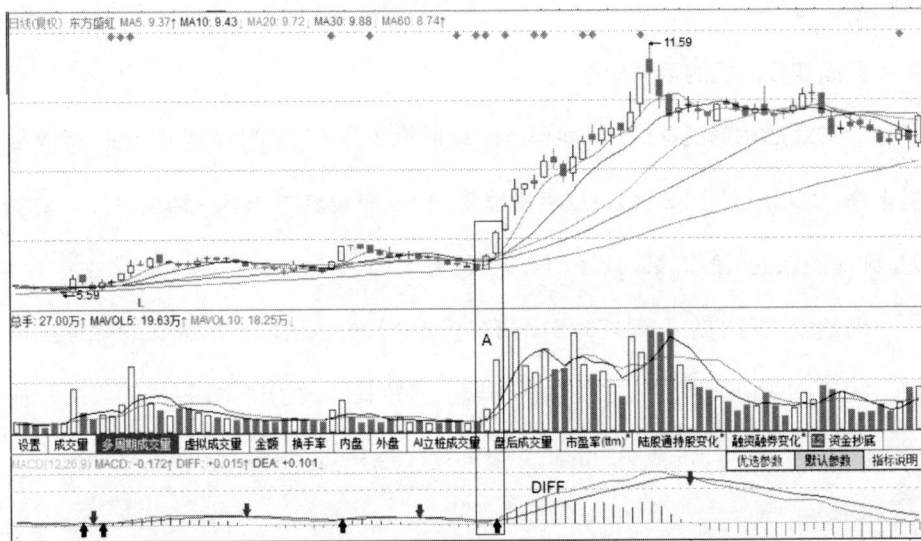

图1-23　东方雨虹−日线图2

实战指南：

（1）判断红蜘蛛形态时，主要是三条中短期均线在中长期均线上方形成交叉时，中长期均线处于平行略上行或上行状态，即均线多头排列初期的形态。因此，要想准确判断出红蜘蛛形态，必须认真学习均线。

（2）虽然红蜘蛛形态主要表现在均线排列状态上，但为了确保红蜘蛛形态为股价向上攻击的形态，必须通过其他指标的攻击或助涨辅助判断，方可确认。因此，实战前一定要认真学习辅助指标的使用。

（3）实战中确认红蜘蛛形态后，还不能买股，必须同时观察量价达到量价齐升的买股时机，且未出现异动时，方可放心买入。

1.5.3　步骤3：确认买股时机

在完成选股和红蜘蛛形态的判断两个环节后，接下来的操盘步骤就是确认买股时机。买股时机主要表现在量价的短时突变，因为红蜘蛛形态只是技术形态上存在强势的趋向，要想确认这一趋向，必须通过观察量价形态来确认为以量破价初期的强势。

判断买股时机的量价形态：

红蜘蛛形态形成期间，主要包括四种量价齐升形态：明显放量上涨、持续阳量上涨、温和放量上涨、缩量或平量涨停。只要满足其中任意一种量价齐升要求时，即可确认为买股时机，应及时买入股票。

仍然以之前的东方雨虹为例，如图1-24所示，A区域在形成红蜘蛛形态期间，K线为持续上涨状态，成交量柱出现明显较长的放量状态，形成明显持续放量上涨的量价买点，符合买股时机的量价齐升要求，这时即应果断买入股票。

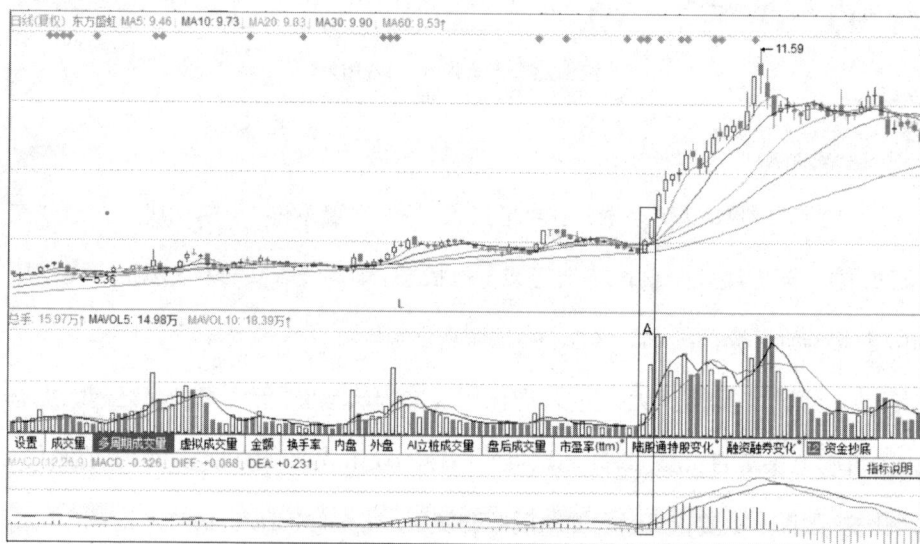

图1-24 东方雨虹-日线图3

实战指南：

（1）在判断买股时机时，必须是在确认红蜘蛛形态期间，一旦出现四种量价齐升形态中的任意一种，即可果断买入股票。

（2）在四种量价齐升的买股时机出现时，一定要格外留意平量或缩量涨停，因为确认这种形态时股价已经涨停，是无法买入的，所以，必须结合当日的分时图短时爆发的强势量价特征来提前买入。

（3）判断买股提前买入时机时，应主要观察当日的分时图上股价在平开或高开状态下，突然爆发的股价线以较大的向上角度直线上行的涨停波出现时，分时图为区间放量的明显短时量能爆发为主，所以，类似于短线抢涨停板的操作，买入一定要短平快，以现价委托交易，即便是涨停前买入亦可。

1.5.4　步骤4：持股与否的判断

在完成蜘蛛战法的红蜘蛛+量价齐升买点买入股票操作后，接下来的一个步骤就是判断是否能够持股。这一环节看似只是看盘，无须操作，但考验的却是投资者的心理定力，以及观察和分析行情时的准确，同时要时刻注意卖点是否形成。因此，持股与否的判断看似轻松，实则一点儿也不轻松，尤其是股价出现短期波动时，要始终保持一颗冷静之心，这样才能准确判断出趋势的变化。

持股与否的判断标准：

当股价在持续上涨中，K线会保持在MA5附近持续或震荡上行，若其间股价出现短线调整时，不管是否跌破MA5，甚至是MA10，只要量能缩减明显，即为短线调整，尤其是上涨趋势后的首次调整，往往时间短、调整幅度小；涨幅辅助判断时，一般从底部累积涨幅达到100%左右，或是短期持续上涨的涨幅达到40%左右时，只要不形成明显的量价卖点，即可安心持股。

仍然以1.5.3节提到的东方雨虹为例，在完成买股后，如图1-25所示，C段的持股过程中，K线始终保持沿MA5震荡上行，尤其是A区域和B区域，股价短时震荡跌破MA5时，成交量明显缩量，为健康的短线整理，所以，C段走势应始终保持持股状态。

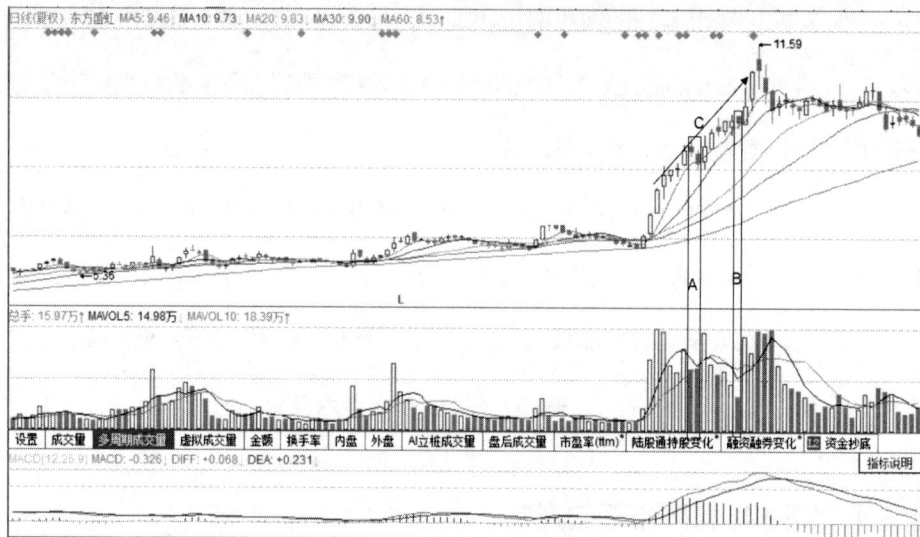

图1-25　东方雨虹-日线图4

实战指南：

（1）因为股票的股本和流通盘大小不同，所以，主力操盘时的策略也不相同。因此，持股判断的标准也略有差异。所以，了解大盘股或中小盘股的通常涨幅大小，同样能够辅助判断调整到来时，是否为短期调整，以确认是否持股。

（2）在持股过程中，只要股价保持日线图MA5上方的向上运行，出现调整时，保持下跌缩量明显、上涨放量明显，基本上可以确认为短期调整，属于健康的上涨趋势中的调整，可安心持股，但股价大幅上涨后，或一旦跌破MA60时，往往多为转势的征兆，起码会是一波中期调整。所以，在持股期间，要时刻留意黑蜘蛛形态的出现。

（3）当持股在强势上涨期间，尤其是在整体涨幅并不大的情况下，如果出现主力强势洗盘时，如跳空高开后的强势洗盘，只要回调不完全回补缺口，即使短期阴量放大明显，甚至出现跌停洗盘，只要止跌回升明显、快速，同样可以安心持股。

1.5.5　步骤5：判断黑蜘蛛形态与卖股时机

根据蜘蛛战法完成买股后，在持股期间，尤其是股价在大幅上涨后的高位区，不仅要时刻留意蜘蛛战法中的黑蜘蛛形态的卖股时机，同时还要时刻留意高位区出现的五类量价齐跌卖点，一旦形成，即应果断卖出股票。因为卖股与持股一样，不懂得持股就无法获利，而不懂得卖股，就无法锁定收益。

卖股时机的判断：

（1）黑蜘蛛形态+量价齐跌为理想的趋势卖点。主要针对中长波段的投资者，属于上涨趋势转弱的卖股时机，即形成黑蜘蛛形态期间，表现为量价齐跌。

如图1-26所示，东方雨虹在1.5.4节内容在确认C段走势中股价保持健康上涨且持股的同时，一定要时刻观察，因为在股价高位盘整期间的B区域，形成中短期均线中的三线向下交叉、MA30平行、MA60上行的黑蜘蛛形态+持续阴量下跌，如果是中长线投资者，可以在B区域选择形成黑蜘蛛形态+量价齐跌的趋势卖点时，果断卖出股票。

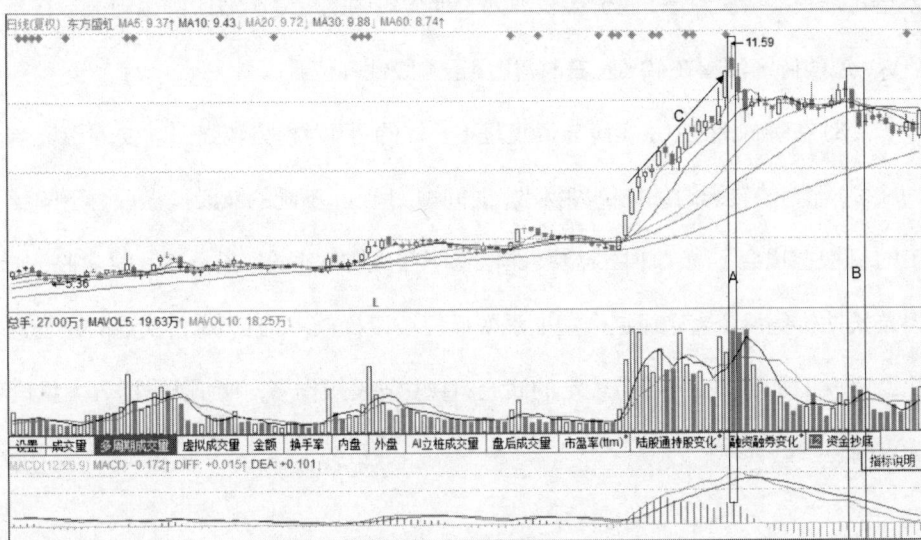

图1-26　东方雨虹-日线图5

（2）高位区量价齐跌，为波段操作中短期趋势快速转弱的最佳卖点，更适用于中短波段的投资者，判断时应结合股价当前的高位，包括累积涨幅达到100%左右，短期持续涨幅达到40%左右。一旦确认高位区出现明显的量价齐跌时，即五类量价齐跌卖点中的任意一种时，即为最佳卖股时机。

如图1-26所示，若是中短波段投资者，则不应在B区域时再卖出股票，因为在C段持续上涨的走势中，当进入A区域时，即表现为股价在累积涨幅达到100%左右时，出现明显放量下跌，符合卖股时机的高位区量价齐跌卖点要求，即应果断卖出股票，不要等到B区域黑蜘蛛形态形成后再来操作。

实战指南：

（1）一般中小盘股，累积涨幅不达到翻倍，主力是难以实现获利的，所以，中小盘股累积涨幅达到翻倍左右或短期持续涨幅达到40%左右时为高位区，一旦量价齐跌明显，即应果断卖出股票。除妖股外，因为妖股的涨幅会有所放大。

（2）大盘股，尤其是一些如贵州茅台等优质白酒类的价值投资标的，往往为基金扎堆长期持股对象，股价会表现为长期牛股中的反复小波段震荡向上运行，所以，短期持续涨幅在40%左右时，也属于阶段性高位区。

（3）在蜘蛛战法中，卖股与买股是不一样的，因为趋势转强时需要的市场合力较多，而趋势转弱时如树倒猢狲散，时间短。所以，不同的波段操盘理念下的卖股时机把握也会不同，如中长波段操作者可在黑蜘蛛形态+量价齐跌时卖股；如果是长期价值投资者则可结合短期涨幅反复波段操作，如五类量价卖点时减仓，止跌回升时加仓，始终保持一定的底仓；中短波段操作者，则可以根据五类量价卖点时直接清仓。

第 2 章

识别趋势：蜘蛛战法的
操盘核心

趋势，在蜘蛛战法中占据着重要的地位，可以说是蜘蛛战法的核心内容，因为无论红蜘蛛形态＋明显量价齐升买点的买股时机，还是黑蜘蛛形态＋量价齐跌或高位区的明显量价齐跌卖点的卖股时机，都是通过中长期趋势的转变或短期趋势破坏严重的情况下所进行的交易。

因此，在学习蜘蛛战法之前，一定要先了解趋势，只有掌握了这一核心内容，才能真正运用好蜘蛛战法。

2.1　趋势的三种表现形式

2.1.1　上涨趋势

上涨趋势，就是指数或股票的运行方向表现为持续向上运行，所以，上涨趋势又称为强势。由于A股市场的交易制度只能是做多，也就是买入股票后通过股价的持续上涨获得价格升高所带来的收益。因此，在上涨趋势中买入股票，是所有股票交易者操作时最为安全的时机。

上涨趋势的特点：

一旦上涨趋势形成后，就会表现为较强的持续性，轻易不会改变股价或指数向上运行的状态，因为一段明显的上涨趋势只要形成后，市场会出现明显的赚钱效应，资金参与的积极性较大，所以，往往成交量也会明显放大，而趋势的运行又会表现为向压力小的方向运行，所以，上涨趋势出现后，卖出者较少，股价或指数向上运行的压力会小，因此就会表现为上行持续性强、成交量放大的明显特征。

如图2-1所示，中联重科（000157）在A区域的2020年11月30日开始形成上涨趋势后，股价一直保持着持续震荡上涨的状态，成交量也开始明显放大，表明市场资金参与度高，在此期间多次出现短期调整，但时间都很短，且调整一结束，股价即在恢复上涨后刷新高点，上涨特征明显，市场赚钱效应明显，这种上涨趋势一直持续到C区域创出15.85元新高的2021年3月2日，持续上涨时间达4个月之久。

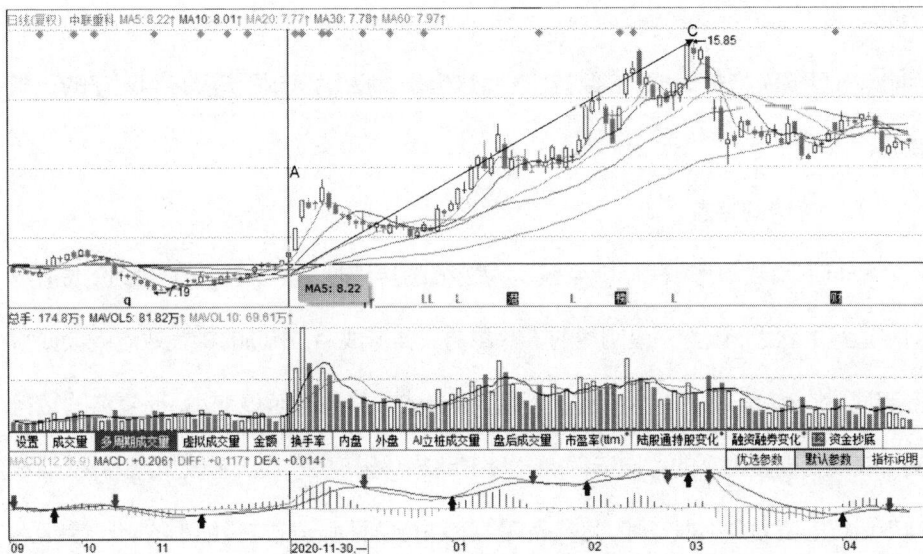

图2-1　中联重科-日线图

实战指南：

（1）在股票市场，上涨趋势包括指数的上涨趋势，即人们常说的大盘牛市行情，同时还包括个股的上涨趋势，也就是投资者积极参与的牛股。

（2）个股上涨趋势的出现，往往是投资者操作获利的时机，但在上涨趋势末端，又会成为主力出货上涨趋势即将结束的征兆，会成为短线投机者的陷阱，也就是市场习惯称为的散户被割韭菜的时期。

（3）对于成熟的投资者而言，虽然大盘的上涨趋势即牛市的出现，市场集体的赚钱效应更为明显，但牛市往往让许多投资者看不清个股的趋势，市场的短线投机氛围会更浓，反而是个股上涨趋势的开始，才是投资者真正的天堂。

2.1.2　下跌趋势

下跌趋势，是指数或股票的运行方向表现为持续向下运行，所以下跌趋势又称为弱势。而A股市场做多获利的交易制度，又决定无法做空，所以，在下跌趋势形成后是不能进行交易的，因为买入股票后是无法带来股价上涨获得的收益的。因此，一旦下跌趋势形成，应保持空仓，这也是A股市场的投资者必须遵守的一条铁律。

下跌趋势的特点：

一旦下跌趋势形成后，就会表现为较强的持续性，轻易不会改变股价或指数向下运行的状态，因为一段明显的下跌趋势只要形成后，市场的赚钱效应就会变得不明显，资金参与的积极性变小，所以，往往成交量也会明显变小，而趋势的运行又会表现为向压力小的方向运行，所以，下跌趋势出现后，买入者较少，股价或指数向下运行的压力会小很多，因此就表现为下跌持续性强、成交量缩小的明显特征。

如图2-2所示，常山北明（000158）在A区域的2020年8月25日形成明显的下跌趋势后，一直到2021年4月16日，股价始终处于震荡下跌状态，持续时间近8个月，且依然没有结束的迹象。在此期间，成交量减少后保持较低的量柱水平，说明当前市场资金的参与度不高，赚钱效应差。

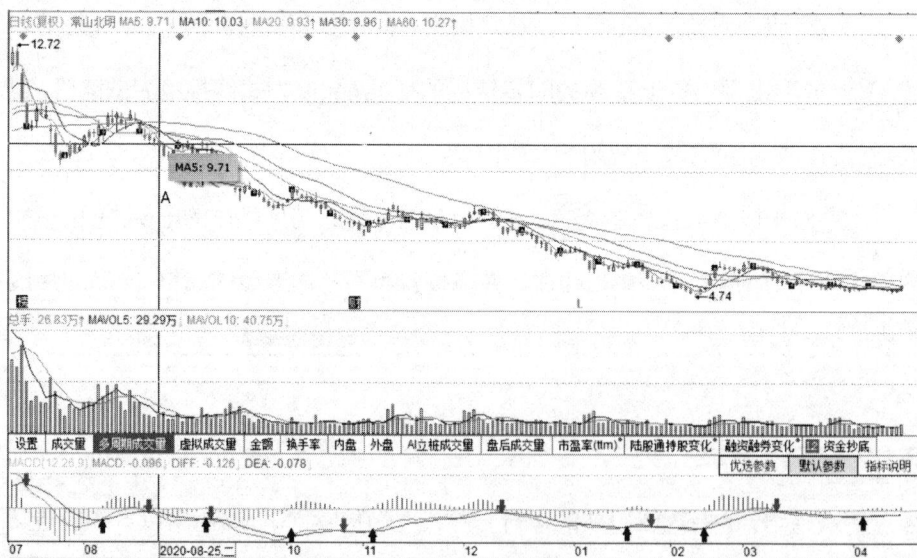

图2-2　常山北明-日线图

实战指南：

（1）在股票市场，下跌趋势同样包括大盘的下跌趋势，即市场习惯称为的熊市行情，同时也包括个股的下跌趋势，即投资者纷纷回避的熊股。

（2）由于个股在下跌趋势末端，经常会表现为快速反弹，所以是很多短线投资者都喜欢参与的反弹行情，俗称抢反弹。但事实上，除非一轮明显持续大幅的快速下跌趋势末端出现的反弹会形成一定强势的反弹，甚至是反转，大多数情况下，均会在反弹后持续弱势。因此，抢反弹和抄底在蜘蛛战法中是不被允许的，因为风险性极高。

（3）市场上流传着一句话叫新手怕大跌，老手怕大涨，其中的大跌就是长期或短期的下跌趋势。

2.1.3 震荡趋势

震荡趋势，就是指数或股票的运行方向表现为反复在一定范围内震荡上行又震荡下行，形成指数或股价在某一区域范围内的横盘震荡，分为幅度较大的宽幅震荡和幅度较小的窄幅震荡，均为股价弱势的表现，所以，震荡趋势又叫作弱势震荡整理。

在震荡趋势中，尤其是窄幅震荡，由于价格差较小，操作是难以获利的，同时震荡趋势又表现为涨幅的无常，明明看似持续上涨，却会毫无来由地转为震荡下行，所以，在震荡下跌趋势期间也是不能进行交易的，因为买入股票后是无法确定能否带来价差收益的。

震荡趋势的特点：

一旦震荡趋势形成后，同样会表现为较强的持续性，轻易不会改变这种股价或指数的横盘震荡状态，因为一段明显的震荡趋势只要形成后，市场的赚钱效应同样会变得不是十分明显，资金在震荡高点附近参与的积极性变小，所以，往往成交量也会明显变小，而趋势的运行又会表现为向压力小的方向运行，所以在震荡趋势出现后，参与者较少，股价或指数持续向上运行后继续向上的压力会变大，持续震荡下跌后继续向下的支撑会变强，因此，表现为持续性维持在一定范围内的反复震荡特征。

如图2-3所示，长虹华意（000404）在A区域的2020年1月12日开始的震荡趋势中，至2021年4月16日的B区域，时间长达3个多月，但依然未结束，其间股价一直保持着震荡的趋势，股价短期的涨跌幅度并不大，向下的支撑较强，但上涨的压力又增大，市场的赚钱效应不明显，造成成交量的大幅萎缩，表现为低量水平的量柱，为股价弱势盘整的表现。

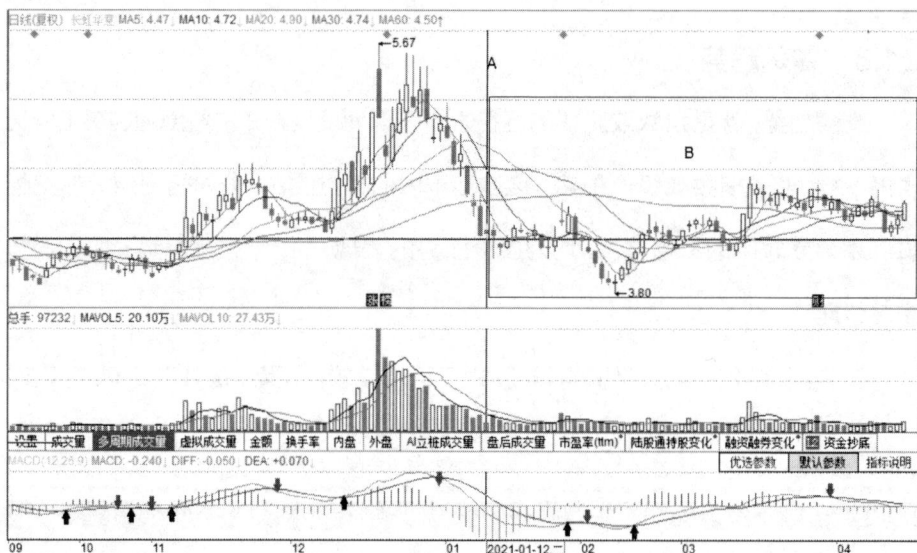

图2-3　长虹华意-日线图

实战指南：

（1）由于震荡趋势为指数或股价弱势整理的状态，所以也是不适合投资者参与的形态，但大盘的震荡趋势期间，并不意味着个股会处于震荡趋势，尤其是不在指数统计内的中小盘股，所以在大盘震荡趋势期间很容易出现牛股。

（2）当个股处于宽幅震荡期间，成熟的投资者是可以控制好仓位短线参与的，但参与时一定要快进快出，因为震荡趋势中股价震荡下跌时不一定会阴量放大，阳量缩量时同样表示做多力量不强，是转跌时量能不济的表现。同时震荡趋势又属于弱势，参与者少，下跌是无须放量的。

（3）在蜘蛛战法中，个股的震荡趋势往往是转上涨趋势的蓄势阶段，所以是选股时的一种重要时机，因为几乎所有的牛股启涨前，都要经过这一阶段。

2.2　判断趋势的方法

2.2.1　MACD判断法

判断趋势时，虽然根据指数或股价的持续运行方向，即可得出具体的趋势，但要判断一段趋势是否能够持续，通过MACD这一指标，更能准确地把握好股价多空动能的可持续性，所以，利用MACD判断趋势时是极为准确的。

MACD判断趋势的方法：

（1）上涨趋势。当MACD双线由下向上突破0轴后持续向上运行时，为MACD多头趋势，表明股价进入多头主导行情的上涨趋势。

如图2-4所示，皖通高速（600012）中的A区域，当股价表现为持续上涨期间，下方的指标显示区域，MACD双线表现为向上突破0轴后持续向上运行的状态，所以，通过MACD双线的这种突破0轴后持续上行的状态，即可确认股价的上涨趋势，可以积极参与行情。

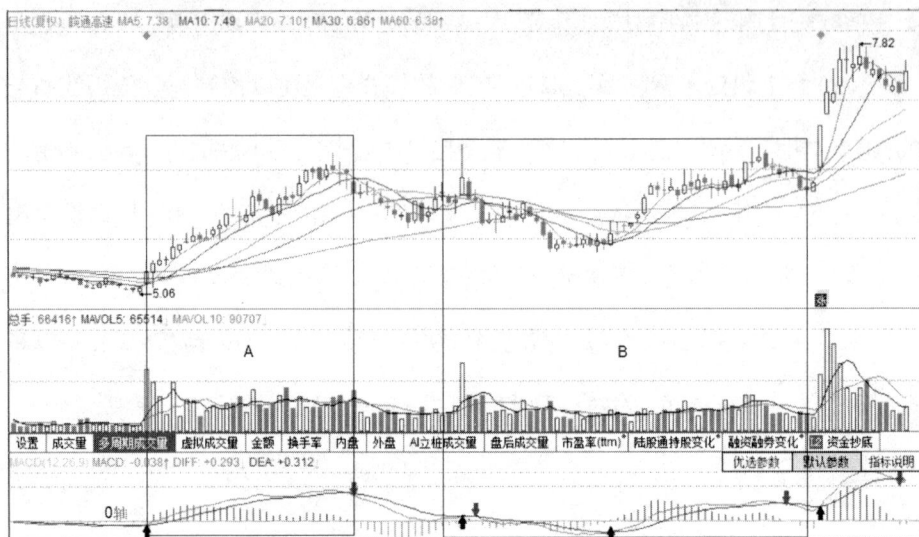

图2-4　皖通高速-日线图

（2）下跌趋势。当MACD双线在0轴上中止上行转为下行时，相继跌破0轴后，依然保持着向下运行时，为MACD空头趋势，表明股价进入空头主导行情的下跌趋势。

如图2-5所示，华能国际（600011）中的A区域左侧，当MACD双线由高位区中止上行转下行时，一旦进入A区域，双线即相继跌破0轴，保持在0轴下方的持续下行或震荡下行，表明股价进入下跌趋势，在此期间是不允许操作的，应保持空仓。

（3）震荡趋势。当MACD双线处于相距较近、几近黏合状态的水平小幅震荡时，为MACD震荡形态，表明股价进入多空双方势力均衡的震荡趋势。

如图2-4中的B区域，MACD双线聚合到相距较近的状态后，呈现持续保持在这种几近黏合状态下的水平小幅震荡，表明股价进入震荡趋势，这类形态即是蜘蛛战法中的技术选股形态，只要股价未转强时，同样不允许参与，一定要保持空仓。

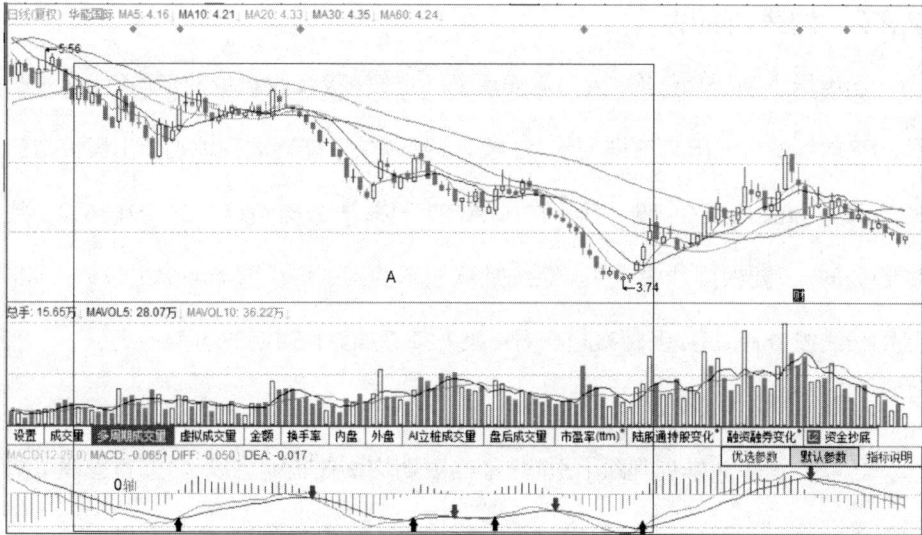

图2-5　华能国际-日线图

实战指南：

（1）MACD判断股价趋势时极为准确，与利用均线判断趋势时的结果是一样的，所以，在判断趋势时，只需根据一种方法判断即可。

（2）当MACD处于多头上涨趋势时，如果形成红蜘蛛形态，则属于MACD助涨形态，而MACD处于空头趋势时，在卖股时只是一种辅助参考，因为此时是趋势彻底转弱的时候，已经错过最佳的卖出时机。

（3）MACD震荡趋势是蜘蛛战法中选股阶段一种重要的形态。因此，在选股期间，MACD是主要的判断技术指标。

（4）利用MACD判断趋势时，主要通过慢线DEA和快线DIFF双线与0轴的位置来确认，因此，判断0轴尤为关键，0轴是红柱与绿柱之间的水平线。但在判断震荡趋势时，则双线与0轴的位置是次要的，无论在0轴上方、下方或附近均可。

2.2.2 均线判断法

利用均线判断趋势时,因为均线属于一定数量K线收盘价的平均值,而多条移动平均线所呈现出来的排列状态,或是运行方向,能够准确地判断出股价当前的趋势。因此,均线在判断趋势时与MACD一样,十分准确。但在一般情况下,判断趋势时,只要根据炒股软件上系统默认显示的五条均线即能够得出趋势,除非是中长线投资者,日线图观察趋势时一般无须添加更长周期的均线。

均线判断趋势的方法:

(1)均线多头排列判断上涨趋势。当短期均线在长期均线上方,各均线呈向上发散运行时,股价为上涨趋势。

如图2-6所示,包钢股份(600010)在A区域,均线明显形成MA5、MA10、MA20、MA30、MA60依次由上向下排列,即短期均线在长期均线上方呈向上发散运行的形态,为均线多头排列,说明股价进入明显的上涨趋势,应积极参与行情。

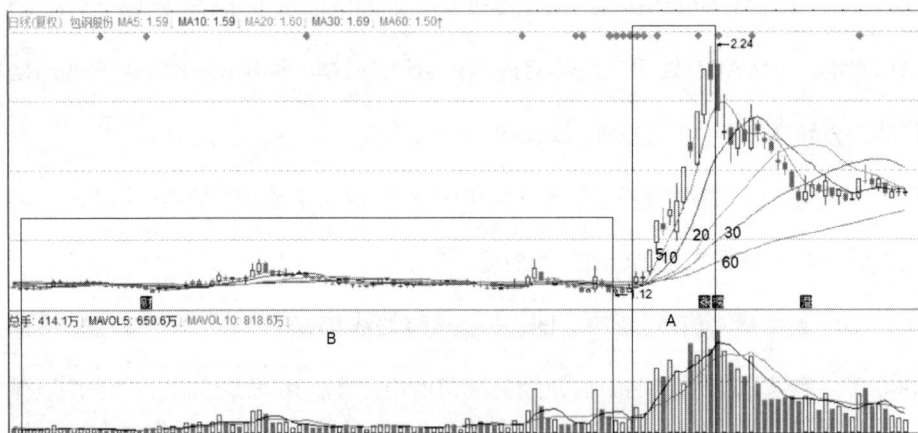

图2-6 包钢股份-日线图

(2)均线空头排列判断下跌趋势。当短期均线在长期均线下方,各均线呈向下发散运行时,股价为下跌趋势。

如图2-7所示，民生银行（600016）在弱势震荡的A区域，进入B区域后，形成MA5、MA10、MA20、MA30、MA60依次由下向上排列，即短期均线在长期均线下行的运行状态，为均线空头排列，表明股价进入下跌趋势，此类形态的股票不可参与。

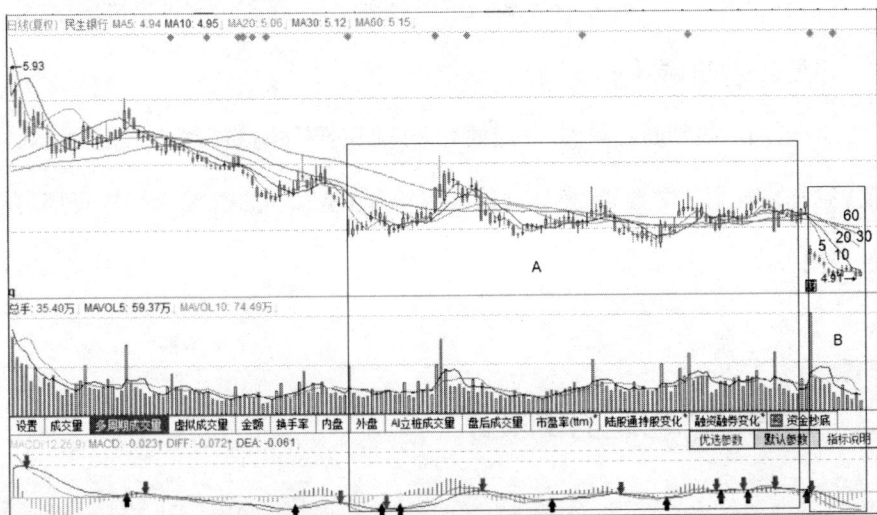

图2-7 民生银行-日线图

（3）均线缠绕判断震荡趋势。当各均线处于相距较近状态下，呈现出水平状态的反复缠绕时，股价为震荡趋势。

如图2-6中的B区域和图2-7中的A区域，各均线处于相距较近的状态，呈现出反复缠绕，为均线缠绕排列，表明股价处于震荡趋势，这类股票为蜘蛛战法的选股技术形态，但参与时一定要在形成量价齐升的红蜘蛛形态时方可，如图2-6中A区域内左侧初期的形态，不可在震荡趋势中买入，因为存在图2-7中B区域在A区域震荡趋势中弱势震荡转弱的情况。

实战指南：

（1）利用均线判断趋势时，主要通过各均线排列时短期均线与长期均线的位置，以及均线的方向即发散的状态来判断趋势的指向，如在上涨趋势时，是短期均线在长期均线之上、各均线向上发散运行，下跌趋势时是短期均线在长期均线之下、各均线向下发散运行。

（2）利用均线判断震荡趋势时，则有别于明显的上涨趋势与下跌趋势，因为股价震荡时意味着价差不大，所以，各统计周期均线在此期间的价格也会保持在相近的状态，所以，为各均线相距较近的反复缠绕，是股价弱势整理的一种重要形态，也是选股时的技术形态。

（3）利用均线判断趋势前，一定要充分认识不同周期的均线在实战中的具体意义，这样才能真正学会如何利用短中长期均线的不同变化，掌握短期行情与趋势的变化。

2.3 蜘蛛形态与趋势的关系

2.3.1 红蜘蛛形态是上涨趋势的开始

在蜘蛛战法中，红蜘蛛形态由于是一种均线多头排列初期的形态，所以是股价上涨趋势的开始，也就是股价上涨波段的起始初期，因此是一种买入形态。所以，在买股时判断红蜘蛛形态时，一定要学会多从趋势的角度来分析，因为只有确认上涨趋势真正形成，买入操作后才能实现获利。

红蜘蛛形态是确保上涨趋势的判断：

为确保红蜘蛛形态形成期间的趋势为上涨趋势的开始，在判断买入形态的红蜘蛛形态时，有一个助涨的判断，即除了均线形态上满足红蜘形态的要求外，还必须确保其他指标满足助涨要求，如MACD多头形态；或是其他指标形成短期强势的攻击形态，如BOLL开口形喇叭口。

　　但这些只是从技术形态上确认上涨趋势形成的概率，为了确保股价的上涨趋势，还必须通过量价齐升明显突变的征兆，才能最终确认股价在弱势状态下，真正实现以量破价的上涨趋势转机。因此，量价齐升才是最终买股的时机，因为它确保了弱势转上涨趋势的反转。

　　如图2-8所示，华能水电（600025）在长期震荡中，进入A区域，形成MA5、MA10、MA20在上方的向上交叉、MA30和MA60略上行、K线突破MA5，同时MACD表现为双线震荡状态的DIFF线突然向上翘起的攻击形态，符合红蜘蛛形态的要求，在此期间，量价表现为温和上涨的量价齐升状态，表明股价的上涨趋势开始，应积极在红蜘蛛形态+量价齐升买点时果断买入股票。

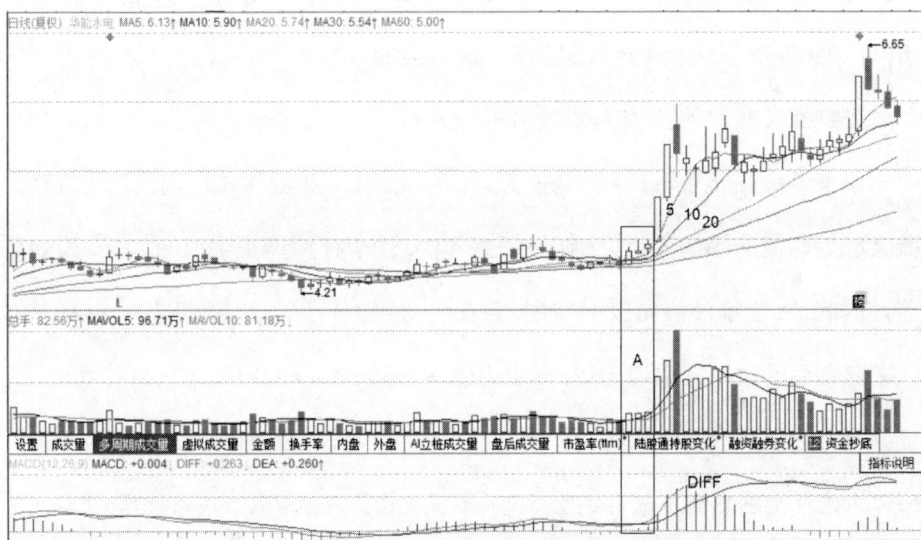

图2-8　华能水电-日线图

实战指南：

　　（1）在明白了红蜘蛛形态是上涨趋势的开始后，就会明白为什么在蜘蛛战法中买股前判断红蜘蛛形态时，除了均线要求之外，还有一个其他指标的攻击或助涨判断，目的就是夯实上涨的波段已经形成。

（2）正是由于红蜘蛛形态是上涨趋势的开始，而几乎所有股价由弱势转强势时都必须有成交量的配合，因此，在蜘蛛战法的买股判断时，红蜘蛛形态的确认只是技术指标的一种形态确认，是买股的前提，最后必须得到明显量价齐升的确认，才能构成买股时机，即买点。因为明显量价齐升确保了趋势由弱转强时的以量破价。

2.3.2　黑蜘蛛形态是下跌趋势的开始

由于黑蜘蛛形态在判断时是通过三条位于最上方的均线形成向下交叉，即均线死叉的形态来确认，而趋势由上涨转为下跌时，都无一例外的是从短期趋势变坏开始的，三条均线的相继死叉转弱，就已经证明了短期趋势转弱的持续性，所以，黑蜘蛛形态是下跌趋势即上涨波段结束的开始。

黑蜘蛛形态、下跌趋势与卖股时机的关系：

由于黑蜘蛛形态是下跌趋势的开始，所以黑蜘蛛形态形成时出现量价齐跌，就会成为明显的趋势卖点。但在波段操作中，由于存在熊长牛短的特征，即弱势整理时间长、上涨波段持续时间短，且在上涨趋势转为下跌趋势时，又存在主力大幅获得后的集中式快速出货，而主力出货时又不会以明显的方式直接卖出，这样会形成砸盘，造成散户的恐慌，纷纷卖出持股，导致主力的筹码无人高位接盘，所以主力在上涨趋势末端开始出货时，即下跌趋势开始初期的短期趋势转弱时，趋势依然是上涨的，但主力的大举出逃，无论如何做到隐蔽，都难以从成交量上隐瞒。所以，除非是中长线波段操作者，在短线操作时，都不应在真正看清趋势转为下跌时再卖出股票，这样就会错过最佳时机。起码应根据漏斗形仓位管理方法，在主力出货初期形成明显的量价齐跌卖点时，采取大比例地减仓，待黑蜘蛛形成下跌趋势开始时，果断清仓。或在明显量价齐跌时果断清仓，因为明显量价齐跌才是主力大举出货初期、短期趋势开始变坏形成下跌趋势的开始，是最佳的短线波段卖股时机。

如图2-9所示，三一重工（600031）在股价处于持续上涨的趋势中，一旦在A区域形成中短期均线中的三线在上方向下交叉的黑蜘蛛形态期间，出现量价齐跌，则说明上涨趋势已经结束，中长线波段操作者应及时卖出股票。但对于中短波段的操作者来说，则应在黑蜘蛛形态形成前的B区域表现为股价在高位区的巨量下跌时，及时清仓卖出，或是大幅减仓卖出。因为此时主力已开始大举出货，从B区域到A区域，其间股价的高位大量状态的震荡中即可得知，主力维持股价在高位区出货的意图十分明显。

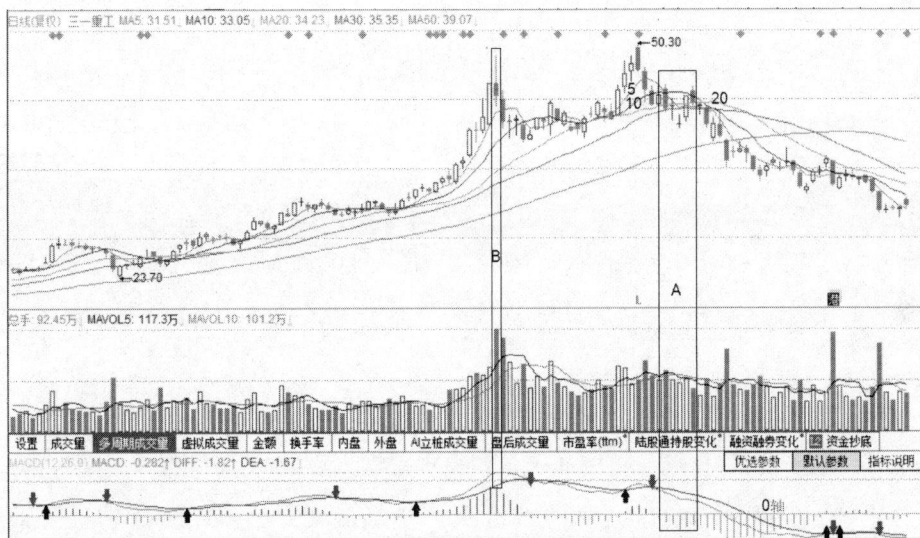

图2-9　三一重工-日线图

实战指南：

（1）在明白了黑蜘蛛形态是下跌趋势的开始后，就能够明白为什么在蜘蛛战法中最佳的短线波段卖股时机不是黑蜘蛛形态，而是通过股价涨幅的辅助判断，以及主力高位出货的量价齐跌形态来进行确认，因为量价齐跌的黑蜘蛛形态是趋势反转向下的趋势卖点，也就是逃命点，而非最佳卖点。

（2）在根据蜘蛛战法操作大盘股时，因为大盘股主力手中的筹码较多，是难以在短期内实现完全出货的，所以，大盘股的最佳卖出时机仍然是量价齐跌的黑蜘蛛形态，即以趋势卖点为主，或采取漏斗形仓位管理方法中的逐级减仓策略。

（3）根据蜘蛛战法寻找最佳卖股时机时，往往中小盘股在高位区的明显量价齐跌是最佳的卖股时机，但对于长期价值标的股，即长牛股，黑蜘蛛形态的出现，多为股价高位盘整的表现，不一定会造成长期趋势的下跌，所以，长线持有者可以通过始终持有一定仓位的策略，寻找短线波段操作的最佳时机反复波段操作。

第 3 章

均线排列: 判断蜘蛛形态的关键

在蜘蛛战法中, 均线是判断蜘蛛形态的关键指标, 因为无论是红蜘蛛形态中的三线向上交叉、中长期均线平行或上行的判断, 还是黑蜘蛛形态中的三线向下交叉、中长期均线平行或上行的判断, 均要通过均线排列的状态来确认。实战前, 充分认识均线, 才能更准确地判断出红蜘蛛形态与黑蜘蛛形态, 并且能够更准确地把握好当前的趋势及变化。

3.1 均线构成及主要特点

3.1.1 短期均线

日线图上的短期均线，主要是指5日均线（MA5）和10日均线（MA10），分别代表5个交易日和10个交易日中收盘价的平均价格，为日线图上5根K线和10根K线的收盘平均价，所以，代表股价的短期波动变化。

短期均线的实战意义：

（1）短期均线与股价最为接近，如其中的MA5，离K线距离最近，其方向往往与股价短期的涨跌波动最相近，即MA5向下运行时，通常K线处于下跌，即便MA5贯穿K线，K线为阳线，只要MA5方向向下，依然无法证明短期趋势已经转强；MA5向上运行时代表着K线处于上涨状态，即便MA5贯穿K线，只要MA5方向向上，K线为阴线，除非是破坏性的巨量或放量下跌，均不能确认短期趋势变坏。

如图3-1所示，浙能电力（600023）A区域中MA5和MA10处于最接近K线的位置持续向下运行，即便其间出现阳线贯穿MA5，但MA5方向是向下的，所以代表短期股价的下跌；B区域MA5和MA10处于最接近K线的位置持续向上运行，即便其间出现阴线贯穿MA5，但MA5是上行的，所以代表短期股价的上涨。

（2）短期均线总是引领着其他长期均线运行的，除非是在震荡趋势中，否则MA5总是引领MA10和其他均线明显上行或下行，尤其是MA5的这种引领作用最为明显。但当MA5方向发生变化时，时间一长，即会带动MA10，然后开始影响中期均线也发生变化。

如图3-1所示，A区域股价持续下跌中，MA5一直在最下方，引领着MA10和其他均线向下运行，而B区域股价持续上涨中，MA5一直引领着MA10向上运行，同时影响其他均线也呈现向上运行状态。

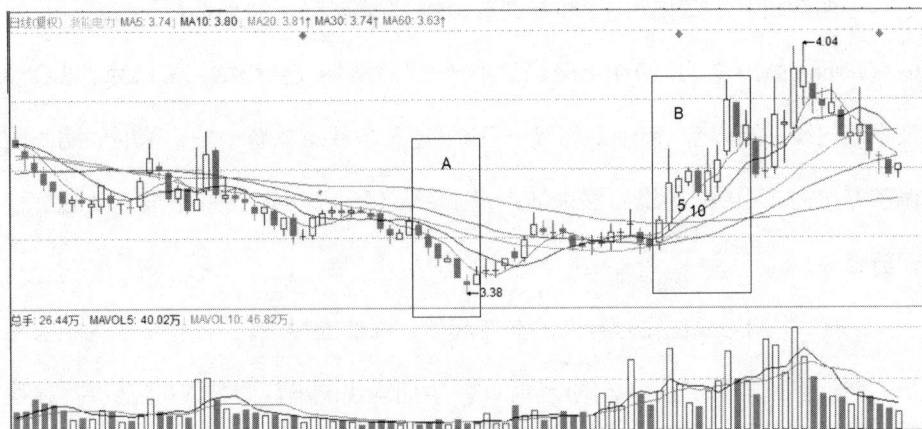

图3-1　浙能电力-日线图

实战指南：

（1）当上涨趋势中出现短期调整时，最先变化的总是MA5，如果不结束调整，即会延伸到MA10下方，因此，通常短线轻微的调整都只是短期均线。

（2）当下跌趋势中出现反弹时也一样，最先从MA5开始向上变化，连续反弹时会影响到MA10向上，再连续时才会影响中期均线向上。

（3）在震荡趋势中，由于所有均线均处于相距较近的缠绕状态，所以短期均线的变化对股价趋势的反应不够明显，只有明显的上涨趋势或下跌趋势中，K线与MA5引领趋势的特征才明显。

3.1.2　中期均线

日线图上的中期均线，主要是指20日均线（MA20）和30日均线（MA30），分别是指20个交易日（20根K线）和30个交易日（30根K线）收盘价的平均值，反映的是股价分别在20个交易日和30个交易日中的波动，所以是反映股价中期趋势波动变化时的主要依据。

中期均线的实战意义：

中期均线发生变化时，除非是震荡趋势，否则其变化波动都是紧随短期均线的变化而发生改变的，如在上涨趋势中，一旦短期均线调整始终未结束，就会涉及中期均线开始调整，而中期均线一旦调整，大多数意味着一轮调整时间略长的调整开始，如果中期均线调整未结束，则会涉及长期均线，最终形成下跌趋势和弱势震荡。

因此，中期均线往往对行情的演变起着较强的支撑或压力作用，因为上涨趋势的调整行情或是下跌趋势的反弹行情，中期均线的下行调整或上行反弹，往往意味着调整的持续和反弹的持续，是行情向更高或更低方向的演变，即趋势完全转弱或转强的开始，是行情向纵深发展的关键。

如图3-2所示，山东钢铁（600022）中MA20和MA30即是位于均线中间位置的两条中期均线，尤其是在A区域股价持续下行中，中期均线的持续下行影响最上方的长期均线由平行转为下行；B区域股价持续上涨期间，位于中间位置的中期均线持续上行，导致最下方的长期均线由小幅下行转为平行甚至其后的上行；C区域当短期均线调整时，与中期均线形成缠绕，导致相对较长时间的调整。因此，中期均线在实战中反映股价中期趋势的变化。

实战指南：

（1）日线图上的中期均线变化时，是在短期均线变化不发生结束的情况下，最先由MA20开始，然后才会影响MA30。

（2）上涨趋势的调整，如果涉及中期均线，在大多数情况下，MA20的支撑是强弱判断的关键，即股价如果在MA20处止跌，依然表现强势，有效跌破或是改变MA20的上行方向，则强势转弱的概率会增大。因此，通常MA20为强弱分水岭，尤其是周线图上的MA20，更是牛熊分水岭。

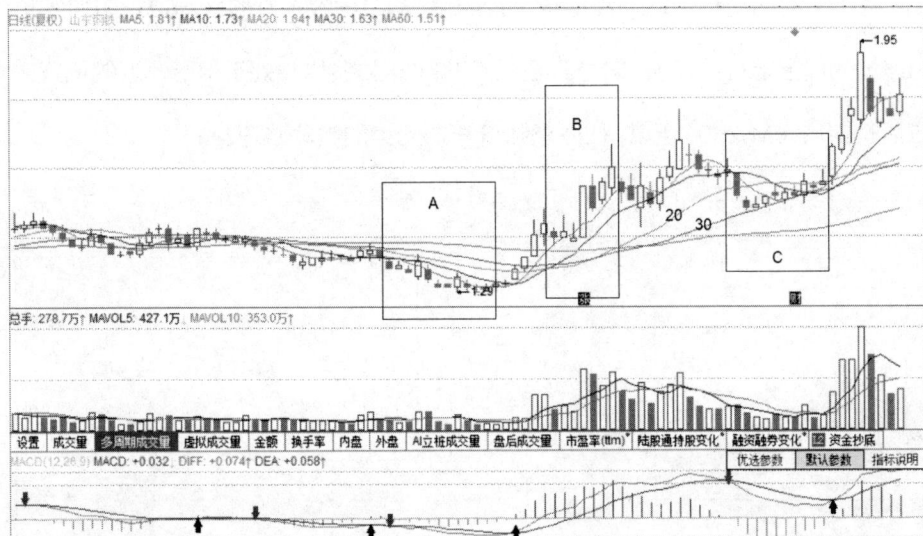

图3-2　山东钢铁-日线图

（3）下跌趋势的反弹，如果涉及中期均线，大多数意味着一波像样的反弹行情或已展开，但是否为反转行情，仍然应以突破长期均线为准。

3.1.3　长期均线

日线图上的长期均线，主要是指60日均线（MA60），是系统默认显示的五条均线中统计周期最长的一根均线，反映60个交易日（60根K线）收盘价的平均值，反映股价在60个交易日的波动变化，所以，其方向代表当前的大趋势。

长期均线的实战意义：

（1）长期均线发生变化时，是在短期均线影响中期均线的变化后，中期均线持续较长时间受到这种影响后，才会改变长期均线的变化，这种变化就是趋势完全转变时的MA60方向转向上或MA60方向由上行转下行。

如图3-3所示，日照港（600017）中的B区域，因为短期均线和中期均线的持续下行，导致最上方的长期均线MA60转为明显下行，说明长期趋势是下跌的；A区域在短期均线和中期均线持续上行的情况下，导致下方的MA60长期均线也明显地为向上运行，说明长期趋势是上涨的；C区域各均线处于相距较近的位置，包括长期均线MA60，所以，往往意味着长期趋势的震荡整理。

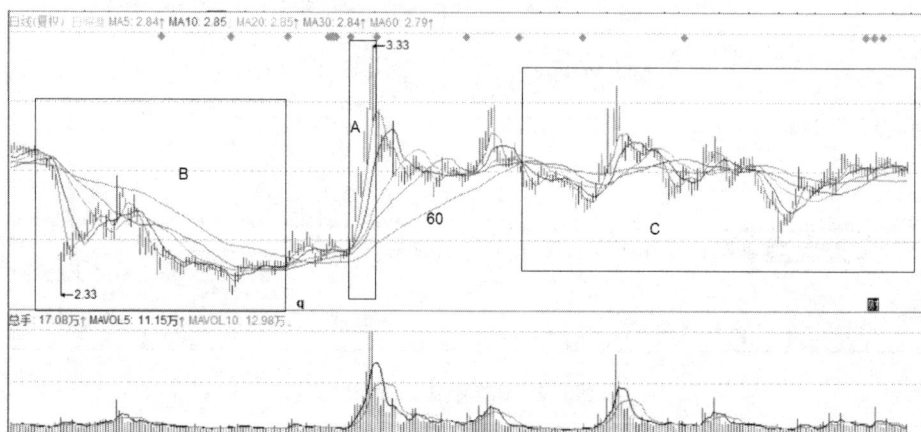

图3-3　日照港-日线图

（2）长期均线与短期均线和股价的位置刚好相反，如在一轮明显的上涨中，长期均线总是在所有均线的最下方上行，出现调整时，K线轻易不会跌破长期均线，否则就意味着大趋势的转弱，所以，长期均线常态下对股价的支持很明显；一轮明显的下跌趋势中，长期均线总是位于所有均线的最上方下行，出现反弹并持续时，长期均线又会对股价构成很大的压力，除非强势反弹，否则很难有效突破长期均线造成趋势反转。因此，长期均线是股价强弱的生命线。

如图3-3所示的一轮明显上涨的A区域，长期均线MA60位于最下方，表明长期均线对股价的支撑性极强，K线未曾跌破MA60；B区域一轮明显下跌走势中，MA60是位于最上方的，对股价的压力较大，股价在弱势反弹中轻易不会突破MA60。

实战指南：

（1）日线图上的长期均线，按系统默认显示的均线区分，只有MA60，在蜘蛛战法中已经完全够用，一般情况下是无须手动调出更长周期的MA120和MA240的。

（2）在了解日线图上的长期均线时，一定要注意，在蜘蛛战法中的日线图长期均线，均指的是MA60，但在市场上的习惯划分中，MA60属于中期均线，只有半年线MA120和年线MA240才属于长期均线，这一点是有所区别的。

（3）在根据蜘蛛战法波段操作期间，如果是日线图短线波段操作，只要根据系统默认显示的5条均线来操作即可。如果是中长线波段操作时，可手动调出日线图和周线图上的MA120进行观察即可，基本上无须调出MA240。

3.2　均线的显示与调出

3.2.1　均线的显示方式

通常均线都是显示在K线图最上方的K线显示区域，均线是显示在K线周围，辨认一根均线的周期时，只需将鼠标对准这根均线，即可显示出它的统计周期。这是几乎所有炒股软件上通行的一种均线显示方式，但是在某些特殊的情况下，在某些功能较多的软件上，均线的显示方式也会发生变化。

特殊情况下的均线显示方式：

在大智慧炒股软件上，如果K线周围的指标换成布林线BOLL，则均线就会被替换掉，这时如果想要同时显示出均线，需要鼠标对准下方指标显示区域内的指标线单击一下，然后输入均线的拼音首字母"JX"，则下方的技术指标就会被替换成均线。

如图3-4所示,成都银行(601838)在大智慧上的日线图上,上方K线区域显示的是K线和BOLL指标,此时均线则显示在下方的技术指标显示区域,如显示的是其他指标时,只需用鼠标对准指标显示区域内的其他指标,单击英文字母"JX",即会显示为均线。

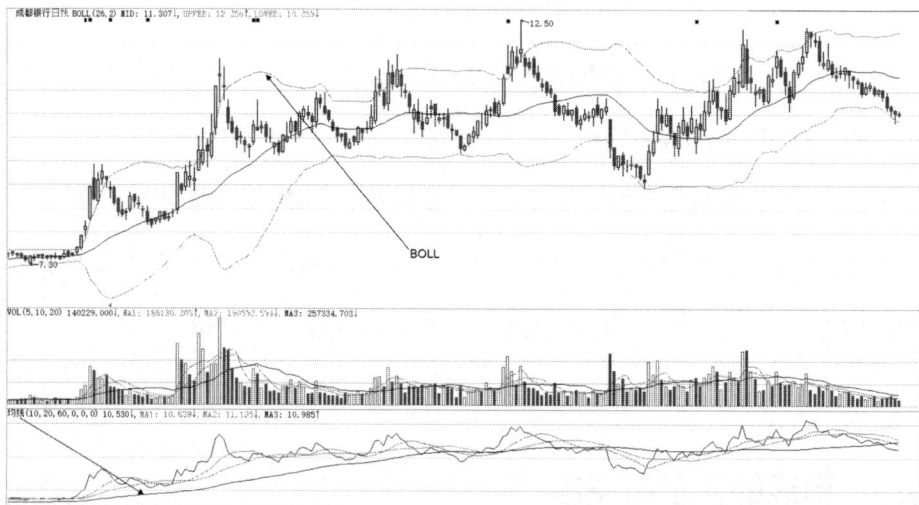

图3-4 成都银行-日线图(大智慧)

实战指南:

(1)在各种PC端炒股软件上,均线都会显示在最上方K线显示区域的K线周围,因为均线是在一定周期内收盘价的平均值,所以,显示在K线周围时更能准确观察到K线的趋势演变。

(2)只有在大智慧炒股软件中,如在使用布林线时,因为BOLL是显示在K线周围,所以均线就会自动被替换,若是想同时通过BOLL和均线来判断行情时,才会出现被替换的均线显示在下方技术指标显示区域的情况,这种情况只有喜欢使用大智慧软件的朋友才会遇到。

3.2.2 增减均线数量和改变均线周期的方法

炒股软件中系统会默认显示出五条均线，在常态下，无论是日线图和周线图的观察，基本上已经够用，但为了能够更准确地判断出股价的中长期趋势演变时，就需要对更长周期的均线进行设定或调出，如蜘蛛战法中偶尔涉及的半年线MA120和年线MA240，甚至是利用其他技术时，也需要改变均线的周期，所以，使用均线前必须学会如何增减或更改均线数量和周期的方法。

增减均线数量和更改均线周期的方法：

增减均线数量和更改均线周期时，首先用鼠标对准K线显示区域任意处右击，在弹出的快捷菜单中选择"修改指标参数"命令，弹出一个对话框，然后在对话框内均线显示下方空白栏内增加需要的均线周期，再将对话框下方的显示数量由原来的5条更改为增加后的总数量即可。如减少显示数量时，只需改变对话框最下方的"显示前"后面的数量即可。若是改变均线统计周期时，只需将上方各均线的周期进行更改，然后将下方显示的数量变为更改后的均线总数量即可。

图3-5所示为中远海能（600026）日线图，若想改变均线参数或增减均线数量时，将鼠标对准K线区的任意位置右击，在弹出的快捷菜单中选择"修改指标参数"命令，弹出图3-6所示的对话框，如显示的是非均线参数，可单击对话框左上角附近的"均线"，比如添加MA120时，只要在MA60下方空白的均线周期上直接填写上120，再将下方显示的均线条数由图3-6中的5改为6，即会显示为图3-7中的情况，这时只要再单击对话框中的"确定"按钮，日线图上即会显示为图3-8中的情况，位于最上方的均线，即是MA120。

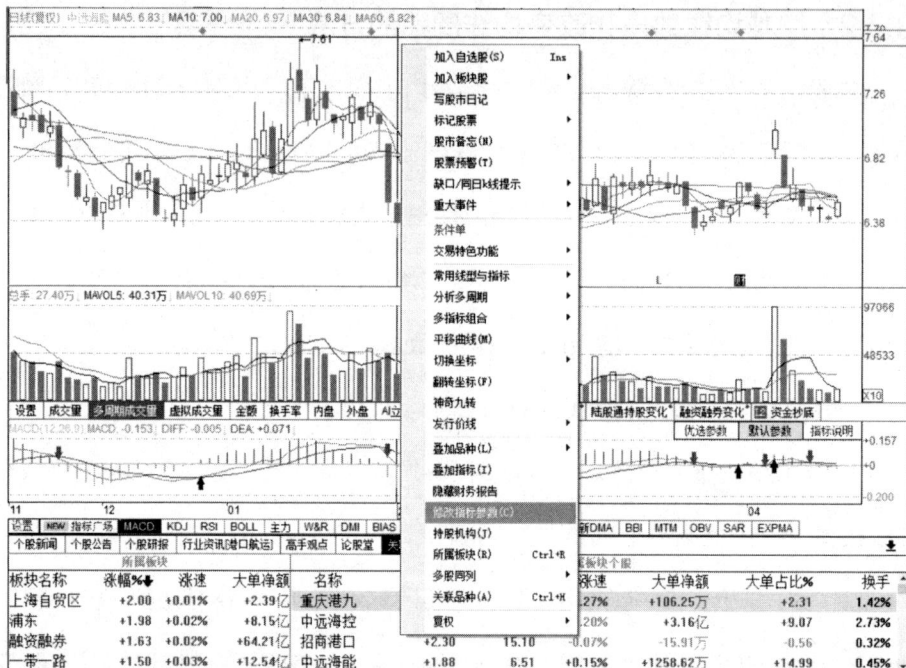

图3-5　中远海能-日线图-修改指标参数1

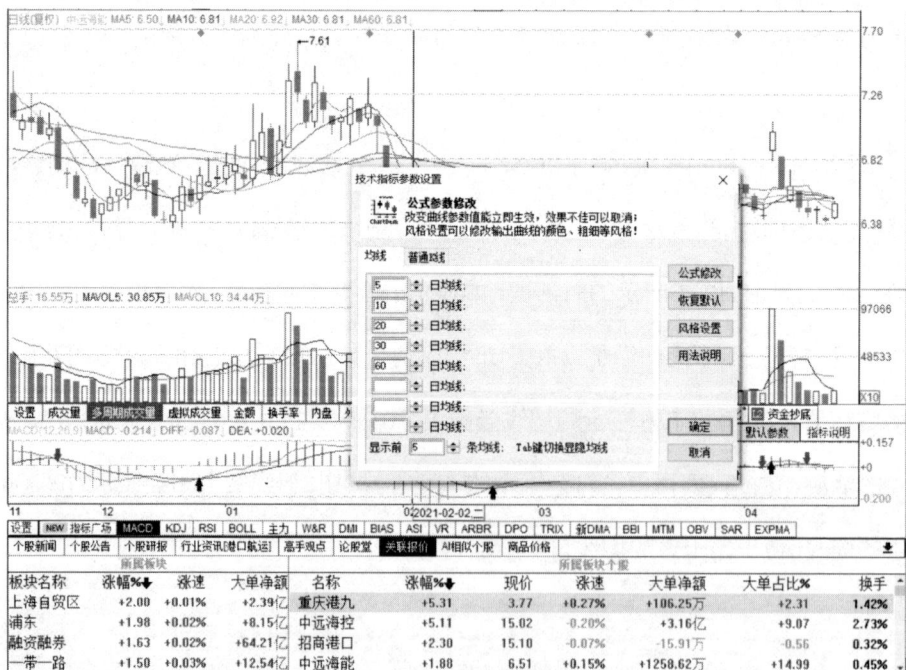

图3-6　中远海能-日线图-修改指标参数2

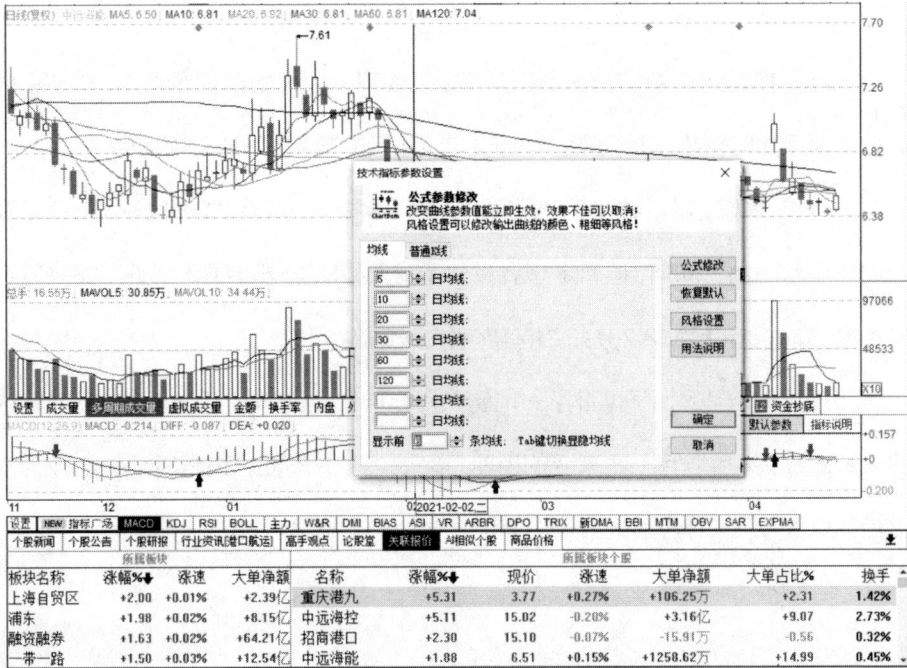

图3-7 中远海能-日线图-修改指标参数3

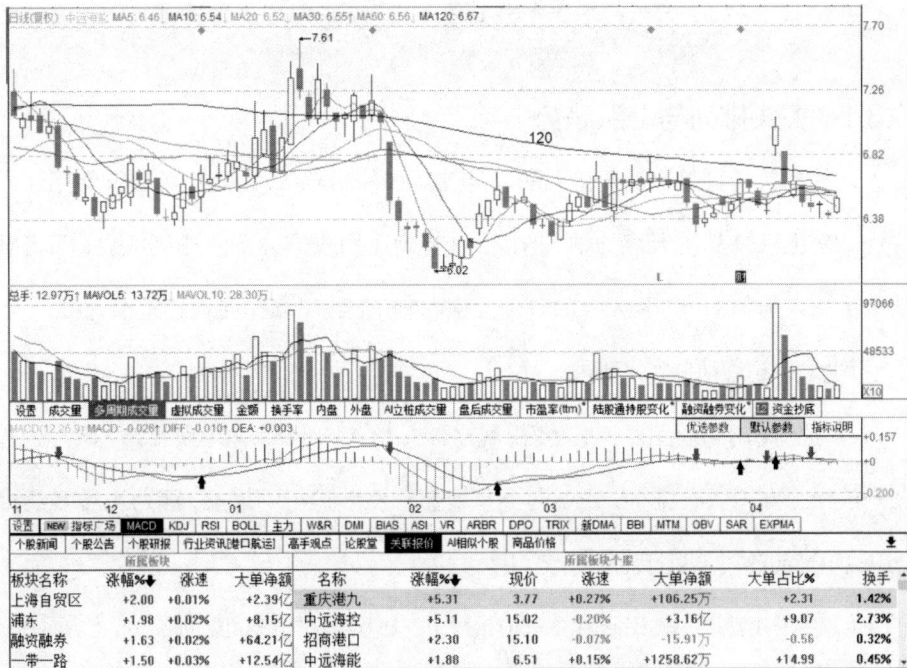

图3-8 中远海能-日线图修改指标参数4（完成）

实战指南:

(1)增加均线数量的方法相对简单,只要调出均线更改显示页面,在空白处增加想要添加的均线统计周期,再更改均线显示的数量,确认后即可。

(2)减少均线显示数量时,无须将其他不需要显示的均线参数删掉,只要改变均线显示的数量即可,但若是想要只显示MA5外的一根其他均线时,如只显示MA20,则需要将比MA20短的所有周期均线删除。

(3)更改均线统计周期时,一定要在调出均线更改页面后,将所有系统默认的参数删掉,然后填写上要改变的周期,检查一下,并不要忘记将显示数量改为更改后的总数量,因为若不改变,系统自动只会显示五条均线。

3.3　均线排列与趋势的关系

3.3.1　多头排列与上涨趋势

均线多头排列是判断股价上涨趋势的均线判断方法,也是市场通行使用最为广泛的对上涨趋势的判断方法,所以,只要确认均线这种多头排列成立,即可确认为上涨趋势。这一点和MACD判断上涨趋势的结果一致,使用起来很方便。

均线多头排列的具体要求:

在任意周期的K线图上,只要出现MA5、MA10、MA20、MA30、MA60五条均线由上向下依次排列,线头向上呈现弧形发散运行的形态,即为均线多头排列,说明当前的股价处于上涨趋势。

如图3-9所示,歌华有线(600037)日线图上的A区域,MA5、MA10、MA20、MA30、MA60五条均线由上向下依次排列,线头向上呈弧形发散运行的形态，为均线多头排列，说明股价处于上涨趋势。只要其间出现短时的MA5向下运行，但未与MA10形成交叉即转为上行，恢复多头排列，即为短期的小幅调整，成为上涨趋势中短期介入的最好时机。

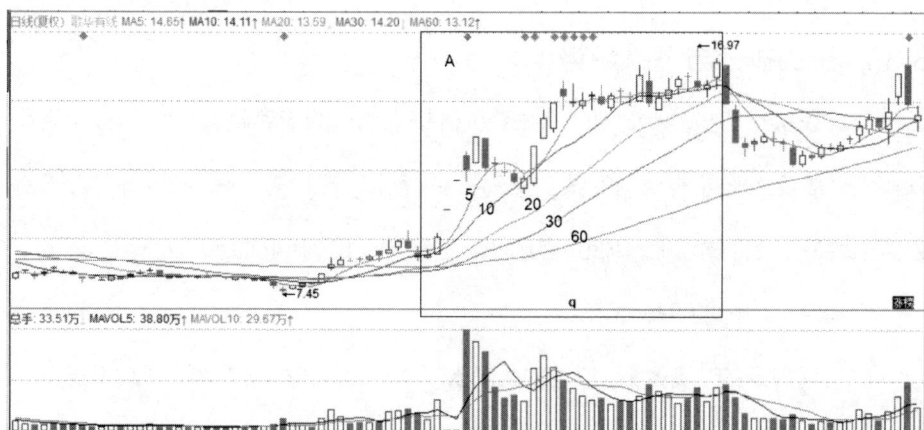

图3-9　歌华有线-日线图

实战指南：

（1）均线多头排列即是股价的上涨趋势，是市场分析人士经常使用的一种利用均线判断趋势的方法，所以属于均线的一种基本形态。

（2）均线多头排列初期时，最明显的是MA5向上翘起，引领着其他周期的均线一起向上发散，这种形态往往是波段交易中的启涨时机或抄底时机。但在均线多头排列初期，有一种情况需要引起注意，就是MA60依然保持着向下的其他均线向上发散，这说明是股价在弱势中整理时间短造成的，所以，这类均线多头排列的情况，一般只是中短线的反弹行情，只有MA60也转为上行时，方可确认日线上涨趋势成立。

（3）在利用均线多头排列波段操作时，如果周线图上的均线也呈多头排列时，或是周线图MA120呈上行趋势，其他均线缠绕，则更能确保日线图上的上涨趋势。

（4）在均线多头排列下，一定要了解中长期均线向上时，中短期均线出现下行或缠绕时，只要不向下与长期均线死叉，K线不跌破长期均线，则大多数情况下均为上涨趋势的短期调整行情。

3.3.2 空头排列与下跌趋势

当均线呈空头排列状态时，意味着股价进入明显的下跌趋势，由于A股市场是以买入后股价上涨才能获利的做多交易机制，所以，无论采用哪种技术操作，下跌趋势中均是不允许操作的，因此，必须了解这种均线排列中的空头排列形态。

均线空头排列的具体要求：

在任何周期的K线图上，只要MA5、MA10、MA20、MA30、MA60五条均线由下向上依次排列，各均线线头向下弧形发散运行时，为均线空头排列状态，表明股价处于下跌趋势之中。

如图3-10所示，中信证券（600030）日线图上的A区域，MA5、MA10、MA20、MA30、MA60五条均线由下向上依次排列，各均线呈向下弧形发散运行时，为均线空头排列状态，表明股价处于下跌趋势，在此期间不允许操作股票，所以应空仓保持观望。

实战指南：

（1）均线空头排列是股价的下跌趋势，属于弱势，只要是股价在下跌过程中形成均线空头排列，就轻易不允许操作，这是所有炒股技术中都必须遵守的纪律。

（2）标准的均线空头排列，辨认起来相对简单，但一定要注意均线空头弱势的另一种情况，即只要发现长期均线MA60位于各均线上方较远的位置，哪怕其余各均线已震荡上行，只要不突破MA60，并改变MA60向下运行的状态，就依然属于下跌趋势的弱势状态。

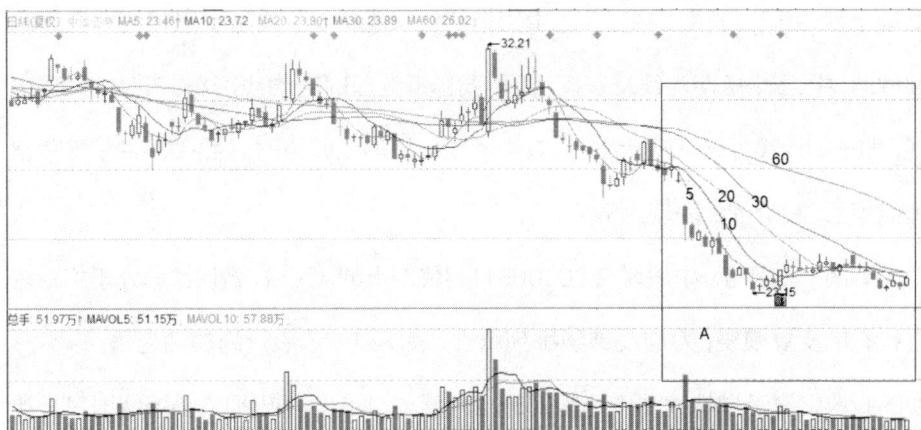

图3-10　中信证券-日线图

（3）在根据均线排列实战时，标准的空头排列形成后卖股，往往跌势已延续较长，即股价由高点下跌较多，所以，卖股时不是以均线空头为依据，而是通过均线多头上涨中短期均线的转弱，以及结合涨幅、量价等指标来确认股价的短期趋势遭到破坏的程度，以预判大趋势的变弱。

3.3.3　均线缠绕与震荡趋势

均线缠绕，就是均线在相距较近状态的反复缠绕。由于在均线缠绕时，各均线的价格处于一个相近的水平，所以，属于股价的震荡趋势。因为震荡趋势意味着趋势不够明显，所以，同样不允许交易，但却是股价上涨前经常出现的一种弱势整理，所以是蜘蛛战法中的选股形态。

均线缠绕的具体要求：

均线缠绕出现时，如果是选股时，必须为五条均线均处于相近的位置反复震荡，且震荡整理时间必须达到至少30个交易日。但如果只是中短期均线出现缠绕时，则属于一种中短期均线的缠绕，多为中继整理，即上涨趋势中出现的中长期均线是向上的，只有短期均线或包括中期均线出现缠绕，震荡结束，一般会恢复继续上涨，所以，长期均线上行，中短期均线长期缠绕，或是上涨趋势成立后的回调时，中、长、短期均线反复缠绕时，同样是选股时的均线形态；若是下跌中出现，即长期均线处于下跌状态，只有中短期均线形成缠绕时，为下跌中继，震荡整理结束后，股价依然表现为弱势。

如图3-11所示，宁波联合（600051）日线图上的A区域，各均线均处于相距较近状态的反复缠绕，为均线缠绕排列状态，表明当前的股价为震荡趋势，这类形态的股票就属于蜘蛛战法中选股时的技术形态。而B区域出现均线缠绕时只是涉及中短期均线，所以属于下跌中继，震荡结束后，股价再次恢复继续弱势下跌。

图3-11　宁波联合-日线图

实战指南：

（1）均线缠绕为大趋势的震荡趋势时，也就是蜘蛛战法选股的技术形态时，必须是五条均线处于相距较近、反复缠绕状态时，方可确认。

（2）在利用均线缠绕选股期间，如果目标股为长期价值投资股，也会出现长期均线上行，只有中短期均线形成反复缠绕，甚至是同样涉及长期均线的缠绕，只要达到其间至少有30根均线的数量时，同样符合选股的技术标准。

（3）如果当前只是短期均线之间的缠绕，则往往是一种短线的震荡整理，如上涨时为上涨中继的短线调整，下跌时为下跌中继的短线反弹；如果涉及中期均线时，则说明这种中继震荡的幅度略大、时间略长。

（4）在根据均线缠绕判断是大趋势震荡还是中继的短期趋势震荡时，最直接的方式是观察均线MA60，只要缠绕时涉及MA60，即为大趋势的震荡整理。只有短期均线或中期均线缠绕时，多为中继的中短期震荡整理，其后多数时候会恢复原来的趋势运行。

3.4　均线判断蜘蛛形态的方法

3.4.1　红蜘蛛形态的均线排列形态

在判断红蜘蛛形态时，主要是依据均线的形态来确认，只不过在确认红蜘蛛形态为攻击形态时，才会辅以其他指标进行确认。因此，在前期判断红蜘蛛形态是否成立时，是有着严格的均线排列要求的。

红蜘蛛形态时的均线排列：

从蜘蛛形态的定义中可以得知，其间的均线排列为短期均线和中期均线中的MA20同时形成向上交叉，即短期均线与中期均线的金叉，同时必须确保长期均线的上行或平行略上行。因此，在确认红蜘蛛形态时，均线呈现出的是一种均线缠绕状态下，MA5短时震荡下行后突然转上行的状态，也就是均线缠绕时快速形成均线多头排列初期的一种形态。

如图3-12所示，浙江广厦（600052）在弱势震荡中进入A区域后，形成红蜘蛛形态，在此期间的MA5、MA10、MA20在各均线上方形成三线向上的交叉，其间MA30已转为上行，MA60处于平行状态。这就是红蜘蛛形态时的均线排列，为均线多头排列初期的形态，且MACD双线在0轴上向上分散明显，量价为明显放量上涨，是买入股票的最佳时机，应及时买入股票。

图3-12　浙江广厦-日线图

实战指南：

（1）红蜘蛛形态虽然是一种均线缠绕状态下形成均线多头排列初期的形态，但由于在红蜘蛛形态中要求三条中短期均线在其余均线上方形成交叉，所以，并不是所有的均线多头排列初期都属于红蜘蛛形态，只有均线缠绕状态下，MA5出现震荡下行时跌破MA10和MA20后，再次快速上行与这两条均线交叉时所形成的均线多头排列初期形态，才属于红蜘蛛形态。

（2）均线多头排列的另一种形态，是各均线在相距较近、几近黏合的反复缠绕中，形成MA5突然向上翘起，引领各均线发散上行的多头排列初期。

（3）在均线多头排列形成初期，还有一种恢复多头排列的形态，即MA5或包括MA10，缠绕震荡后，MA5突然出现向上翘起，引领各均线发散上行的恢复多头排列初期的情况。这种情况和上一点内容的均线多头排列初期，虽然不属于红蜘蛛形态，但同样是一种上涨趋势开始的强势特征，实战时一旦出现，同样可以根据蜘蛛战法中的辅助判断和买股要求积极参与。

3.4.2　黑蜘蛛形态的均线排列形态

黑蜘蛛形态同样是一种均线表现出来的形态，虽然在实战时，黑蜘蛛形态属于一种卖股形态，意味着股价的弱势，但是在黑蜘蛛形态出现时，均线并不会表现为空头排列，这一点需要引起注意。而是均线在看似多头排列下的一种中短期均线弱势的特殊排列，所以，黑蜘蛛形态的出现，意味着短期的弱势引发中期趋势的弱势，是一种趋势变坏的卖出形态。

黑蜘蛛形态时的均线排列：

黑蜘蛛形态出现时，为上方三条均线向下交叉，即MA5、MA10和MA20形成的短期均线与中期均线的死叉，而长期均线是处于上行转平行略下行的状态。如果只从当前的均线排列状态看，属于上涨中继的中期调整形态。因此，根据黑蜘蛛形态判断卖出时机时，必须表现为量价齐跌，或是在黑蜘蛛形态尚未形成前，出现明显的量价齐跌，同时结合当前的涨幅等要求来确认，因为如果这种上涨中继转弱的量能不大，就无法扭转趋势变弱，其后会通过均线缠绕的震荡整理，恢复强势。

如图3-13所示，九鼎投资（600053）在持续上涨中，当股价创出新高37.37元后，在MA5出现下行时，进入A区域后形成黑蜘蛛形态，在此期间1区域出现MA5与MA10的向下交叉，2区域出现MA5与MA20的向下交叉，而下方的MA30和最下方的MA60依然呈上行状态，这就是黑蜘蛛形态期间的中短期均线转弱势时的排列状态，且其间3区域放量下跌的量价齐跌明显，所以为趋势变弱时卖出股票的时机。

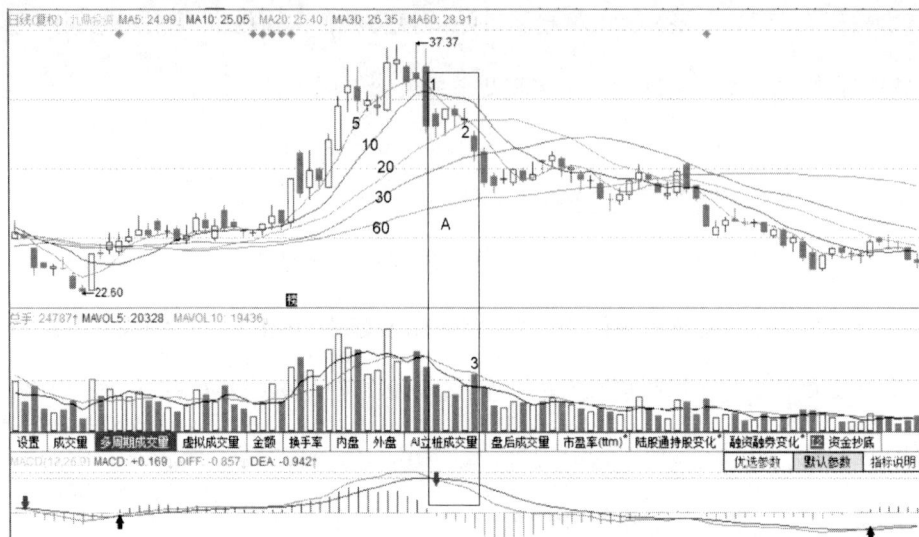

图3-13　九鼎投资-日线图

实战指南：

（1）黑蜘蛛形态形成期间，从均线排列的角度分析，只属于上涨趋势调整行情时的长期均线上行中的中短期缠绕开始缠绕初期。所以，如果不是其后长期均线出现略下行或明显下行时，是不会构成趋势卖点的。

（2）从黑蜘蛛形成时的均线排列形态分析，若长期均线上行明显时，只有在黑蜘蛛形成期间或未形成前，即形成明显的量价齐跌卖股时机时，才会破坏上涨趋势，构成卖股时机。

（3）如果操作的是大盘股，尤其是大盘价值标的股，如大白马股或蓝筹股等长牛股时，往往是黑蜘蛛形态的卖股时机，或是黑蜘蛛之前的明显量价齐跌卖点，通常只是阶段性高点到来的征兆。因此，在根据黑蜘蛛形态卖股时，一定要结合当前的累积涨幅或短期涨幅予以确认，因为只有累积上涨或短期上涨的幅度较大时，才会造成股价的快速转弱。

3.5　实战要点

3.5.1　均线只是判断蜘蛛形态的指标

在蜘蛛战法实战期间，一定要明白均线在其中起到的主要作用，这样才能充分明白，在什么时候主要借用均线排列的形态来判断行情在趋势变化之初的时机。因为蜘蛛战法不是简单地通过均线排列时的特殊形态来确认蜘蛛形态进行交易，而是在借助蜘蛛形态期间的趋势反转形态，通过其他指标和量价来确认最佳的波段买卖股票的炒股技术。

均线在判断蜘蛛形态时的主要作用：

判断红蜘蛛形态时，均线主要判断多头排列初期的形态，在确认红蜘蛛形态是否构成攻击信号时，必须通过其他指标的助涨确认，以及明显的量价齐升买点判断，才能最终确认买股时机；判断黑蜘蛛形态时，均线主要判断黑蜘蛛形态是否成立，以及黑蜘蛛形态时的中期均线转弱时是否构成长期趋势的转弱。

但在蜘蛛战法的波段操作中，黑蜘蛛形态不是最佳的卖股时机，所以卖股时应在留意黑蜘蛛形态的同时，结合当时的涨幅，以及明显的量价齐跌来确认最佳卖股时机。

如图3-14所示，古越龙山（600059）在长期弱势震荡中，进入A区域形成上方中短期均线向上交叉、中长期均线上行、平行的红蜘蛛形态，MACD为双线在0轴上的向上发散，为具有强势攻击特征的红蜘蛛形态，量价齐升明显，为买股时机；其后震荡调整期间的B区域出现短期均线调整后恢复多头排列的形态，为加仓买入时机；至C区域时，虽然各均线依然保持上行状态，但此时的涨幅与E区域低点时计算，已经出现翻倍，所以，C区域出现巨量下跌时为高位区的巨量下跌卖点，为中短波段操作者的卖出时机或是中长波段者的大幅减仓时机，直到进入D区域时才形成中短期三条均线在上方的向下交叉，形成黑蜘蛛形态，虽然MA30和MA60依然上行，但上行出现渐缓，且上方的短期均线下行明显持续，量价齐跌明显，所以为趋势变弱时的趋势卖点。

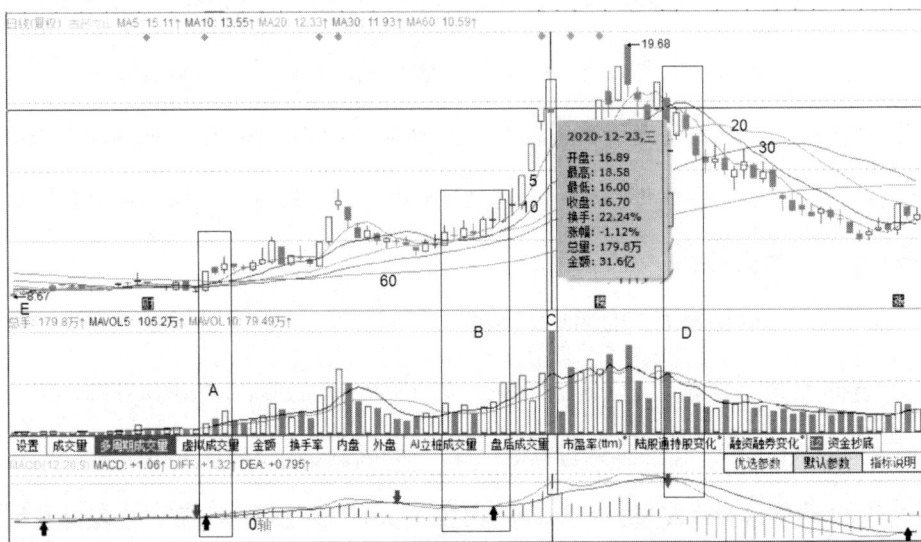

图3-14 古越龙山-日线图

实战指南：

（1）均线虽然是判断蜘蛛形态的主要技术指标，但不是判断买卖时机的主要依据，只是交易前的重要参考，尤其是红蜘蛛形态是买股前的关键，但必须满足其他指标的助涨和量价齐升要求时，才能买入股票。

（2）在卖股环节时一定要明白，黑蜘蛛形态不是最佳的卖股时机，只是理想的趋势卖点，但同样要满足量价齐跌的要求。并且即便是黑蜘蛛形态尚未形成，只要之前形成明显的量价齐跌破坏，且涨幅较大，即应果断卖出股票，不要非等到黑蜘蛛形态形成后再操作。

（3）在通过均线判断蜘蛛形态进行交易时，一定要明白蜘蛛战法不只是简单的红蜘蛛和黑蜘蛛形态，而是一整套交易机制完善的波段操作技术，所以学习时一定要学会如何使用红蜘蛛和黑蜘蛛形态来交易，同时又要学会跳出对这两种形态的束缚，真正达到无招胜有招的蜘蛛战法的最高境界。

3.5.2 形成攻击形态的红蜘蛛才具有可操作性

在根据蜘蛛战法实战期间，一定要明白，红蜘蛛不仅是一种均线形态，还是包括其他技术指标的助涨判断，以确认红蜘蛛形态真正具有技术指标的向上攻击性，因为只有起码双指标的向上攻击信号的相互印证，才能证明这只股票具有坚实的强势基础，也就是具有交易的可能性。只有其后达到量价齐升的买股时机要求时，才能真正去买入股票。

具有技术攻击征兆的红蜘蛛形态要求：

当一只股票满足红蜘蛛形态的均线多头排列初期要求时，必须其他指标也形成助涨要求，如BOLL开口形喇叭口的攻击信号，或是MACD多头趋势的助涨信号，这样的红蜘蛛形态才是具有技术攻击征兆的形态，只有在满足明显量价齐升的买股要求的情况下，才能买入股票。

如图3-15所示，东风科技（600081）在弱势震荡中进入A区域时，形成中短期三条均线的向上交叉、且下方的两根中长期均线呈平行略上行状态，符合均线的红蜘蛛形态，MACD表现为DIFF线向上翘起的辅助指标攻击形态，符合强势的红蜘蛛形态，且量价持续放量上涨的量价齐升明显，说明股价短期向上攻击的意愿强烈，为买股时机，应果断买入股票。

实战指南：

（1）投资者在实战时一定要注意，红蜘蛛只是一种均线多头排列初期的形态，而不能只根据红蜘蛛形态即确认这只股票具有向上攻击的信号。这不是说红蜘蛛形成后,股价就不会走强,而是必须通过其他指标的确认,才能确保红蜘蛛形态的强势特征,因为买股时强调的是安全性。

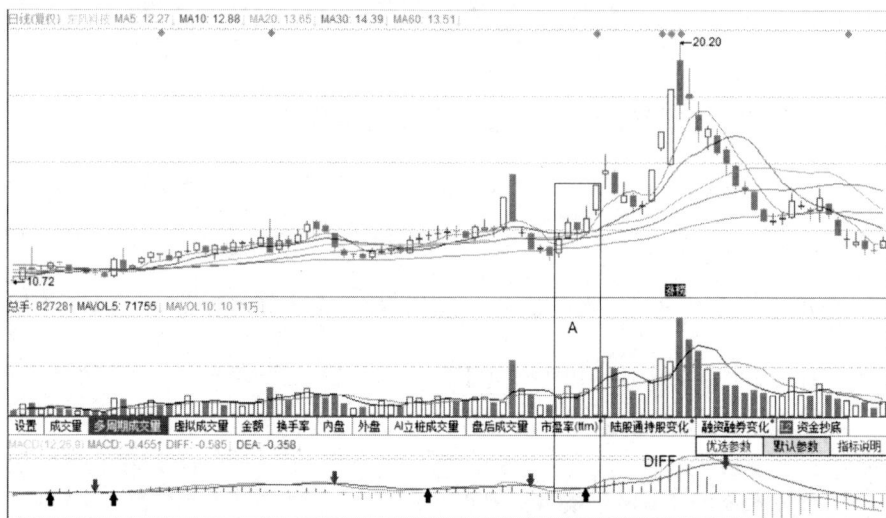

图3-15 东风科技-日线图

(2)在蜘蛛战法实战期间,红蜘蛛形态的判断,除了均线排列的要求外,还包括其他指标的助涨判断确认,所以在学习红蜘蛛形态时,同样要认真学习相关技术指标的使用方法,如MACD和BOLL等。

(3)初学期间,一旦均线红蜘蛛形态得到其他技术指标的助涨确认后,也只是证明了红蜘蛛形态具有较强的攻击性,但最终只有得到量能的配合,即明显量价齐升的买股要求时,方可买入股票。

3.5.3 判断蜘蛛形态时应注意中长期均线的运行方向

投资者在根据均线判断红蜘蛛形态期间,不要只关注均线上方的三条均线是否形成向上交叉,而是要留意位于下方的两条中长期均线的运行方向,因为股价在由弱势彻底转强时,中长期均线都会转为强势,否则只能是短期震荡转强的情况,也就是即便股价上涨,上涨幅度和持续性都会大打折扣。

红蜘蛛形态时的中长期均线要求：

当均线上方的三条均线形成向上交叉时，下方的中长期均线主要为MA30和MA60，MA30必须为明显的向上运行，MA60为至少平行或略上行时，方可确认为均线红蜘蛛形态。

如图3-16所示，湘财股份（600095）股价在长期弱势震荡中进入A区域，当上方三根中短期均线形成向上交叉时，下方的中期均线MA30和长期均线MA60均为平行略上行状态，符合均线红蜘蛛形态的中长期均线要求，且MACD表现为DIFF线的突然向上翘起攻击形态，表明红蜘蛛形态为强势的攻击形态，其间持续放量上涨明显，为量价齐升明显的红蜘蛛形态，应果断买入股票。

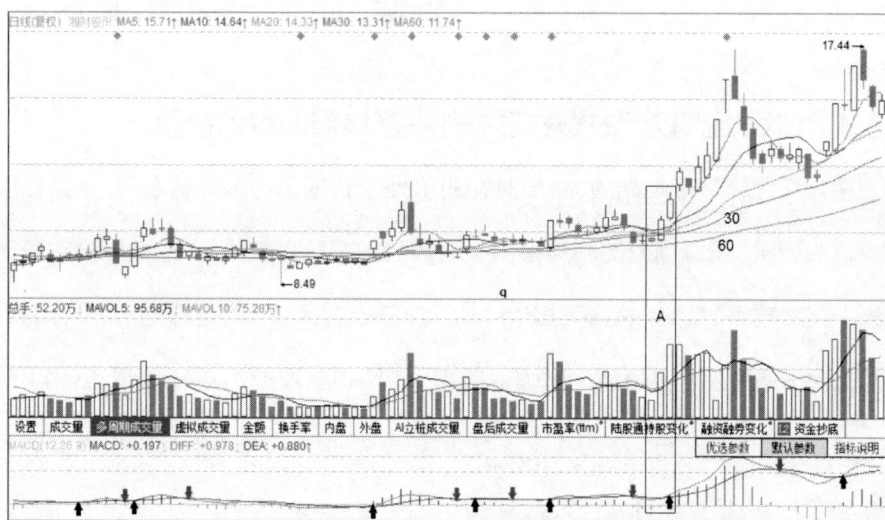

图3-16　湘财股份-日线图

实战指南：

（1）在通过均线判断红蜘蛛形态时，不仅要关注位于最上方的三条均线是否形成向上交叉，还要关注下方的两条中长期均线的运行方向，必须确保MA30明显上行，MA60至少为平行或略上行，原则上是MA60上行越明显，越能证明强势。

（2）在判断红蜘蛛形态期间，如果在上方三条均线交叉时，下方的MA30明显上行，但MA60处于明显下行，不能确认为红蜘蛛形态，通常这种情况说明MA60依然会对股价上行构成较大的压力，即便其后转为上涨趋势，股价依然存在震荡整理的需求。

因此，只有MA60呈平行或略上行时，也就是长期均线未来存在上行压力最小的情况时，未来的强势概率才会更大。

（3）判断红蜘蛛形态期间，如果在上方三条均线向上交叉时，MA60明显下行，即便不能确认为红蜘蛛形态，但股价表现为短期极强的快速上涨时，可观察周线图，或是调出日线图的MA120，只要MA120方向是明显上行的，则说明MA60对股价的上行压力或许会小，方可根据股价短期的强势特征短线参与。

3.5.4 均线相距较近的蜘蛛形态往往意味着股价的盘整

在判断红蜘蛛形态期间，由于是在股价处于长期弱势震荡状态时，即目标股符合选股要求，所以当前的趋势是由长期弱势震荡转为强势上攻，而股价在长期弱势中突然转强时，必须有量的支持才能彻底改变，所以，若是量能不强时，各均线向上攻击的意愿也会表现为勉强，表现为均线相距较近，这有可能仍然属于弱势震荡，就要引起注意，不妨从多个方面来综合判断，看是否为具有攻击性的红蜘蛛形态，再来根据量价齐升买点要求操作。

均线相距较近处于盘整的红蜘蛛形态：

（1）在长期弱势震荡整理期间，一旦中短期均线震荡到长期均线上方时，各均线相距较近，处于看似多头又实为继续盘整震荡时，往往上方三条均线向上交叉时，MA5向上发散的状态会不明显，且下方的MA20、MA30和MA60，甚至是MA10也会向上发散不明显，这四条均线只是呈平行状态，同时量能方面依然保持弱势震荡期间的水平，也就是未达到量价齐升的买点要求，其他技术指标的辅助判断时助涨信号也不明显，如MACD双线在0轴下方上行，但尚未突破0轴，或只有DIFF线突破0轴，但上涨趋势不明显，DEA线未突破0轴；或是BOLL只是形成向上开口。这时不妨慢一步操作，只有其后均线多头排列明显、量价齐升明显时，方可操作。

如图3-17所示，云天化（600096）在长期弱势震荡中进入A区域，上方中短期均线反复出现向上交叉，但相距均较近，所以这种情况属于盘整状态的红蜘蛛形态，在B区域再次形成均线红蜘蛛形态，MACD双线依然处于盘整状态，所以，应在其后的C区域均线多头向上发散明显时，MACD双线明显在0轴上方向上发散运行时，量价表现为持续阶梯式的放量上涨时，再买入股票。

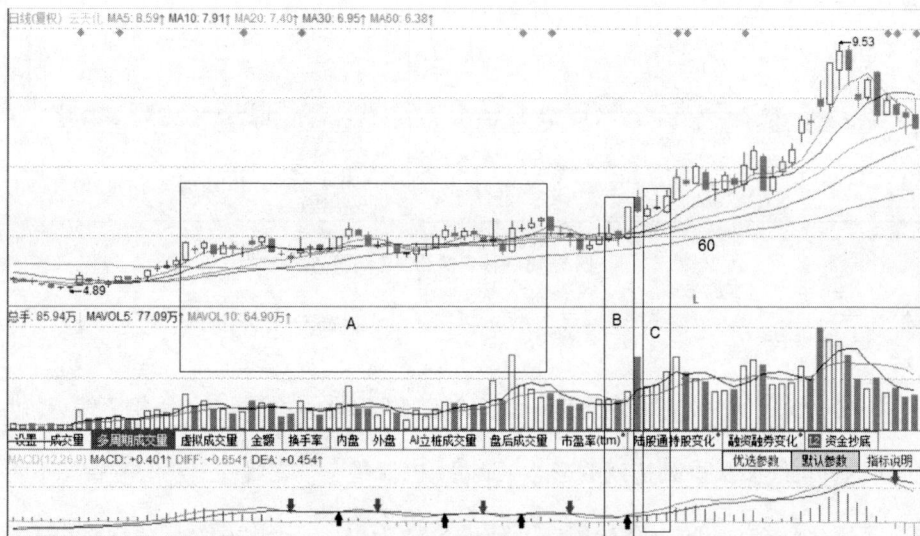

图3-17 云天化-日线图

（2）同样，三线相距较近的黑蜘蛛形态也意味着高位的盘整。但是，在具体操作时，即便是价值长牛股，也说明阶段性高点的到来，所以，在黑蜘蛛形态形成时出现三线相距较近的向下交叉时，只要为量价齐跌状态，即应以阶段性卖出股票为主。

如图3-18所示，林海股份（600099）在持续大幅上涨的A区域，形成三线向下交叉的黑蜘蛛形态，且量价齐跌明显，但同样表现为均线相距较近的状态，说明虽然股价短期持续上涨的幅度相对较大，但此时的黑蜘蛛形态依然表现为股价处于高位盘整阶段，所以，即便是中长线看好这只股票，也应该在黑蜘蛛形态形成盘整状态的阶段性高点时，果断卖出股票。

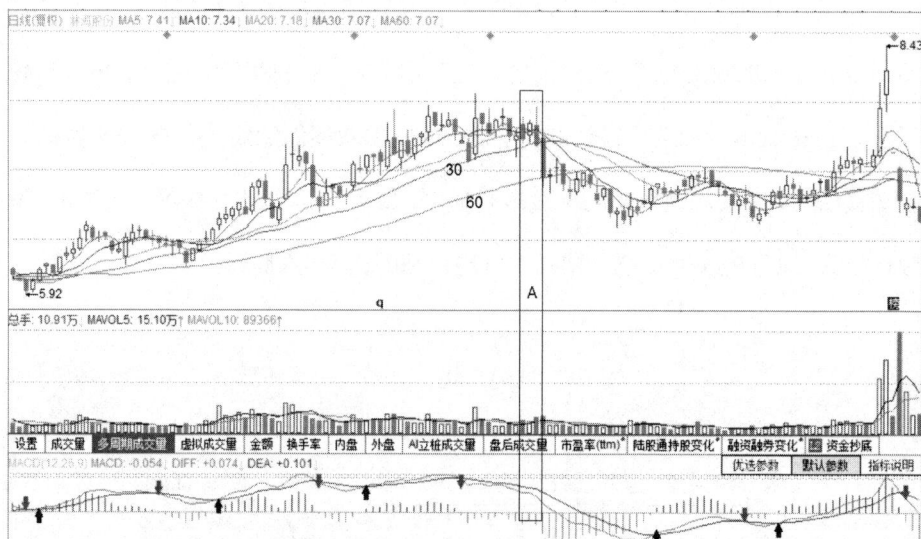

图3-18　林海股份-日线图

实战指南：

（1）当股价在长期弱势震荡期间形成红蜘蛛形态时，如果各均线相距较近，就证明这种均线多头排列初期的形态不明显，也就是五条均线向上发散的状态不明显，所以，此时应采取宁可错过也不买错的策略，因为属于均线弱势震荡盘整的概率较高。

（2）在判断红蜘蛛形态期间，一旦各均线相距较近时，应结合其他辅助指标的助涨形态，以及量价表现来确认，因为这种红蜘蛛形态属于强势特征勉强的情况，所以，必须借助其他指标和买股时的量价齐升要求来综合判断行情。因此，在实战前一定要完全掌握红蜘蛛形态的买股时机后再来操作。

第 4 章

实战选股：蜘蛛战法实现
获利的保障

选股，虽然不会涉及交易，但却是蜘蛛战法中最为关键的一个操盘步骤，因为选股是根据趋势演变规律中最容易形成上涨趋势初期的红蜘蛛形态的重要技术特征，同时结合对基本面的观察和判断，才能够从一只股票上涨的内因和外因上寻找更为深层次的基因。

所以，在实战中一定不能忽略选股这一个重要环节，因为目标股筛选得越扎实，越容易在其后短期内出现红蜘蛛形态，同时也越能保证买股后实现大幅获利。

4.1 选股策略

4.1.1 日线图结合周线图的选股策略

投资者在实战选股时，一定要通过日线图和周线图相结合的方式进行技术面选股，这是因为所有日线图上涨趋势形成前的弱势整理，都必然会在周线图上出现弱势转强前的征兆，这样日线图上的长期弱势震荡后形成短期转强的概率才会大。

日线图+周线图的选股策略要求：

在日线图+周线图的选股策略下，可以从周线图的弱势震荡出发来初选，或是通过日线图的长期弱势震荡来初选，选好后再将周期图切换到另一个周期，如日线图长期弱势震荡选股后，周线图上呈弱势震荡时，必须为长期弱势时所有均线形成缠绕；或是上涨趋势中出现短期均线的缠绕，即上涨趋势中的短期调整的震荡，且周线图长期均线必须为上行状态时，才是未来日线图股价即将突破的弱势整理。

如图4-1所示的太阳能（000591），在2020年3~7月，日线图上于2020年9~12月呈长期弱势震荡时，图4-2中周线图上的2020年8~12月的B区域，表现为明显的均线多头上涨趋势中的短期调整为横盘震荡，MACD也表现为双线突破0轴后在0轴上方的小幅水平震荡，所以，符合日线图结合周线图的技术选股策略和要求，这时即可对这只股票的基本面进行分析，以确认是否为目标股。

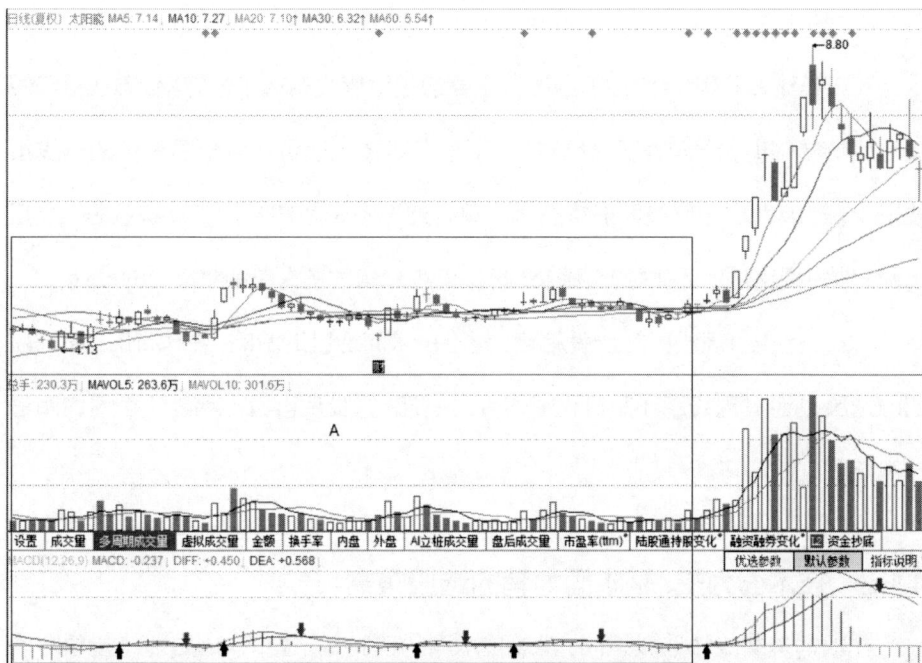

图4-1　太阳能-日线图

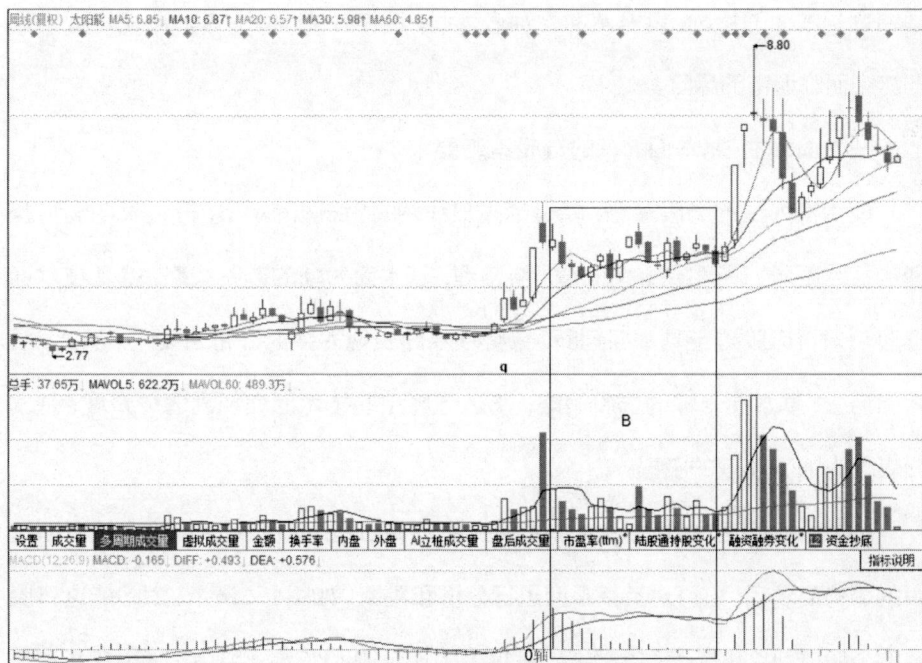

图4-2　太阳能-周线图

实战指南：

（1）日线图+周线图的选股策略，主要通过对周线图选股的观察，确认日线图其后股价转强时，能够表现为反转，而不是周线图上股价在宽幅震荡下的日线小波段上涨，因为往往周线图弱势震荡中只有处于中长短期的均线缠绕状态。或是上涨趋势中继调整行情时的震荡整理时，日线趋势才是真正即将反转的征兆。

（2）日线图+周线图的选股策略，属于技术面选股的策略，在执行时，无论最初的选股是通过周线图还是日线图均可，只要选好股后再通过另外一个周线图进行观察和判断即可。

4.1.2　技术面为主、基本面为辅的选股策略

在根据蜘蛛战法选股期间，虽然技术面的选股是主要的，因为弱势整理时间越长的股票，理论上转强的概率越高，但不能排除弱势转弱的情况出现，所以，必须结合基本面的情况，以基本面为辅去选股，这样才能确保目标股不会出现长期弱势中面临退市的风险。

技术面为主、基本面为辅的选股策略要求：

技术面为主的选股策略，就是通过日线图+周线图的观察，符合长期弱势整理的技术要求，以确保技术面的弱势整理；基本面为辅的选股策略，就是技术面选股后对目标股进行基本面判断，只有基本面表现为强时才符合要求。因此，技术面为主、基本面为辅的选股策略，就是选择那些技术面表现为弱势整理、基本面表现为强势整理的股票。

如图4-1和图4-2所示，太阳能这只股票在日线图和周线图均符合技术面选股的弱势要求后，方可对其基本面进行分析和判断。如图4-3所示，太阳能这只股票的个股资料中的年度财务概况，以报表中显示的2017年、2018年、2019年三年

的年度数据为准，从净利润、基本每股收益、净资产收益率等方面分析，这家上市公司持续三年中均保持持续稳定的盈利状态，所以，符合基本面强的选股要求，可以将其列为目标股。

太阳能 000591

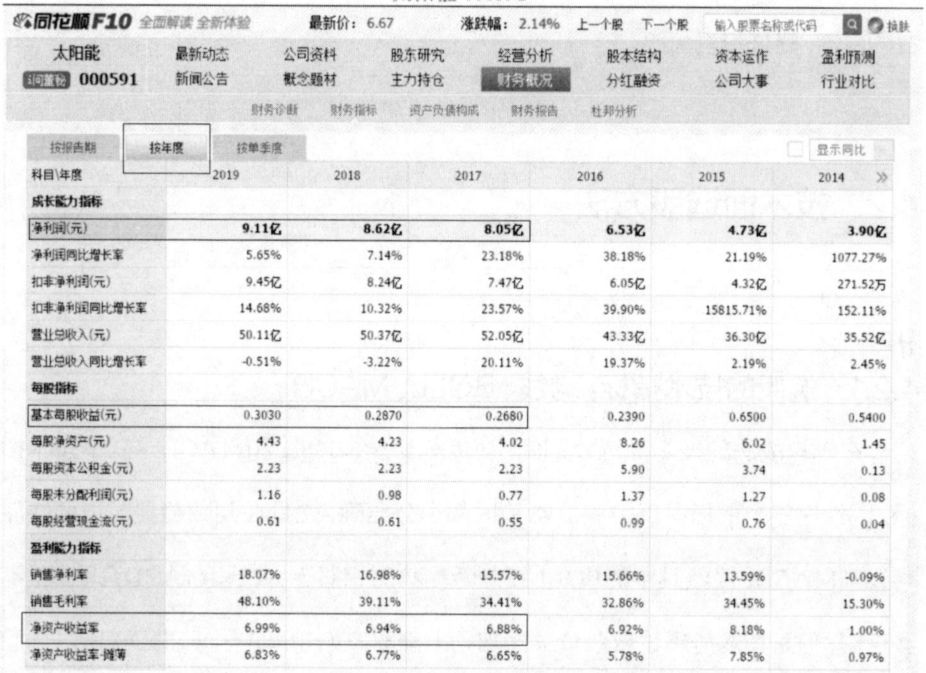

科目\年度	2019	2018	2017	2016	2015	2014
成长能力指标						
净利润(元)	**9.11亿**	**8.62亿**	**8.05亿**	**6.53亿**	**4.73亿**	**3.90亿**
净利润同比增长率	5.65%	7.14%	23.18%	38.18%	21.19%	1077.27%
扣非净利润(元)	9.45亿	8.24亿	7.47亿	6.05亿	4.32亿	271.52万
扣非净利润同比增长率	14.68%	10.32%	23.57%	39.90%	15815.71%	152.11%
营业总收入(元)	50.11亿	50.37亿	52.05亿	43.33亿	36.30亿	35.52亿
营业总收入同比增长率	-0.51%	-3.22%	20.11%	19.37%	2.19%	2.45%
每股指标						
基本每股收益(元)	0.3030	0.2870	0.2680	0.2390	0.6500	0.5400
每股净资产(元)	4.43	4.23	4.02	8.26	6.02	1.45
每股资本公积金(元)	2.23	2.23	2.23	5.90	3.74	0.13
每股未分配利润(元)	1.16	0.98	0.77	1.37	1.27	0.08
每股经营现金流(元)	0.61	0.61	0.55	0.99	0.76	0.04
盈利能力指标						
销售净利率	18.07%	16.98%	15.57%	15.66%	13.59%	-0.09%
销售毛利率	48.10%	39.11%	34.41%	32.86%	34.45%	15.30%
净资产收益率	6.99%	6.94%	6.88%	6.92%	8.18%	1.00%
净资产收益率-摊薄	6.83%	6.77%	6.65%	5.78%	7.85%	0.97%

图4-3　太阳能-个股资料-财务概况

这种结合以上内容介绍的技术面弱势为主和综合本章内容的基本面强的选股策略和方法，就是技术面为主、基本面为辅的选股策略要求。

实战指南：

（1）在技术面为主、基本面为辅的选股策略下，技术面为主选股时，一定要遵守日线图+周线图的选股策略，选出真正符合技术面弱势整理状态的股票。

（2）基本面为辅选股时，要求选择基本面强的股票，因为基本面强才是股价未来出现上涨的终极保障，因为大笔资金的短时涌入，虽然能够短时改变一只股票的涨跌, 但无法长期影响技术的趋势变化, 因为这种过度投机也是证监会所不允许的。

(3)技术面为主、基本面为辅的选股策略, 实际上就是技术面弱、基本面强, 其目的除了确保股价其后转强的概率会大, 同时也是为了能够有效规避操作时的踩雷, 降低投资风险。

4.2 技术面选股方法

4.2.1 选股的技术指标: 均线、BOLL、MACD

在蜘蛛战法的技术面选股期间, 应优选均线、BOLL和MACD这三个技术指标, 因为这三个指标在反映股价趋势时都十分准确, 尤其在判断趋势时更要依靠均线与MACD, 虽然其中的BOLL在判断趋势时相对于均线和MACD会略差, 不够直观, 但是在弱势震荡或股价突然启动上涨时, BOLL同样十分准确, 所以选股时应以均线、BOLL、MACD为主。因为前面章节中已经介绍过均线和MACD, 这里着重介绍一下BOLL。

BOLL使用要点:

BOLL为布林线的英文简称, 主要包括上轨、中轨和下轨, 使用时主要通过上轨与下轨形成的通道(又称波带)的宽窄状态, 以及波带向内收缩或向外扩张的情况来确认当前的行情变化和股价趋势。

使用方法是波带较窄时意味着整理, 波带较宽时意味着行情波动加大; 上轨上行、下轨下行、中轨上行时为向上开口, 上轨与下轨向外扩张明显时为开口形喇叭口; 上轨上行、下轨下行、中轨下行时为向下开口, 意味着行情的加速下跌; 上轨向下、下轨向上时为收口，双轨在较宽状态时出现明显内缩时为紧口形喇叭口，意味着之前趋势的渐缓；若喇叭口在极度向外扩张后无法再继续向外扩张转为上轨加速向下、下轨加速上行时，为收口形喇叭口，意味着一轮大幅下跌行情的开始；三轨明显相对较窄状态持续上行时为上涨趋势，三轨较窄状态明显下行时为下跌趋势，三轨较窄状态水平震荡时为震荡趋势。

　　如图4-4所示，格林美（002340）中位于K线周围最上方的线为上轨，中间的线为中轨，最下方的线为下轨。其中A区域为上轨上行、下轨下行、中轨上行的向上开口；B区域为上轨向下、下轨向上的收口；C区域为波带较窄状态的水平震荡，意味着行情处于小幅震荡盘整，为选股时的BOLL形态；D区域为中轨上行、上轨与下轨向外扩张明显的开口形喇叭口；E区域为喇叭口扩张到无法继续扩张，转为上轨快速向下、下轨快速向上的收口形喇叭口，意味着大幅下跌行情的开始。

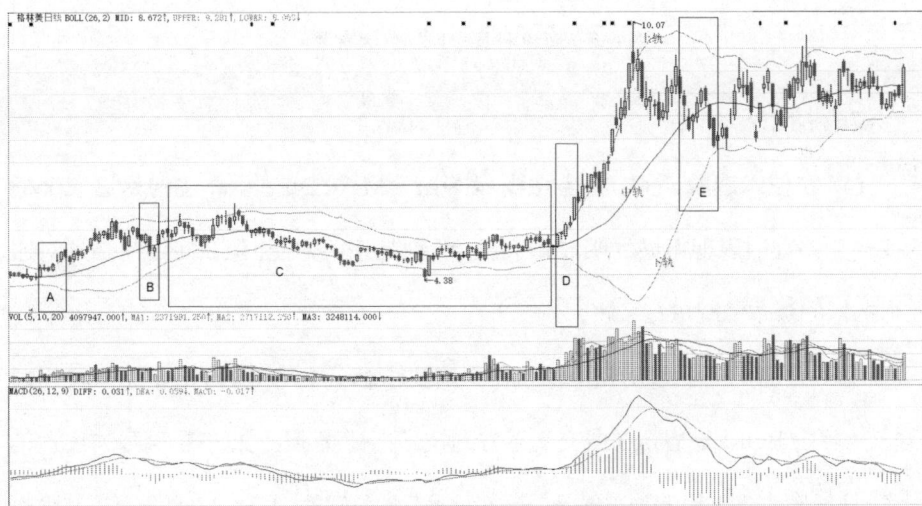

图4-4　格林美-日线图（大智慧）

　　如图4-5所示，新纶科技（002341）中F区域波带明显由较窄变为较宽，意味着行情的波动加大；A区域为波带持续下行，意味着行情的持续下跌；B区域为波带明显内缩的紧口形喇叭口，意味着下跌趋势的渐缓；C区域为上轨向上、中轨向下、下轨向下的向下开口，意味着行情的加速下跌；D区域为波带由窄变宽，意味着之前下跌的幅度加大；E区域为波带由宽变窄，意味着行情波动开始变小，即D区域的跌幅出现收窄。

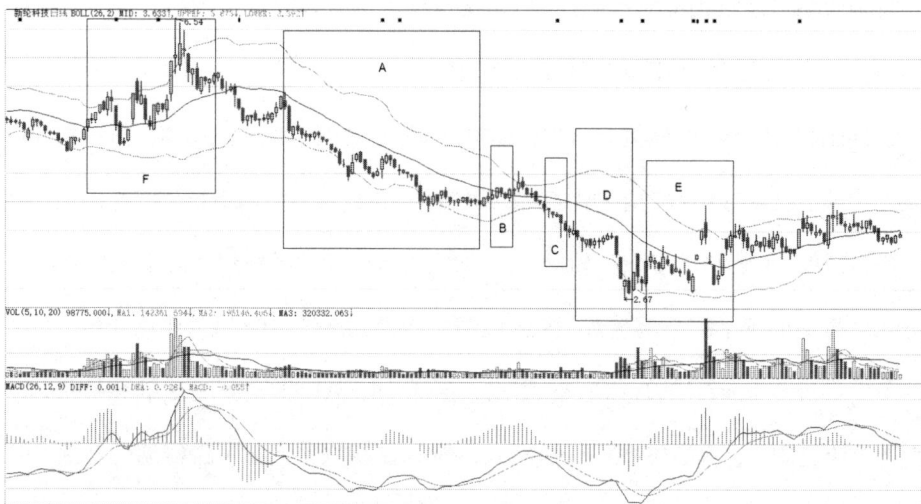

图4-5　新纶科技-日线图（大智慧）

实战指南：

（1）在技术选股期间，优选均线、BOLL、MACD的原因，主要是这三个指标在弱势整理时表现得最为明显和突出，识别起来很方便，但在使用前必须对这三个指标的基本情况进行了解。

（2）在使用布林线BOLL选股时，一定要注意一个特殊的情况，即在同花顺炒股软件中，BOLL是显示在成交量下方的技术指标显示区域，三轨周围的线为美国线（柱线图），是K线的简单显示。但在大智慧炒股软件中，BOLL是显示在K线周围，只要输入BOLL，K线周围的均线即会替换成BOLL。

4.2.2　选股的技术形态：长期弱势震荡

长期弱势震荡，是技术选股时的一种K线形态，虽然从K线的震荡中也能够准确地判断出股价的长期弱势整理,但必须通过技术指标来进行判断,才能确保这种K线的震荡为技术的长期弱势整理,主要指标就是上面所讲的均线、BOLL、MACD。

长期弱势震荡时的技术形态:

(1)日线图要求。日线图的K线处于长期弱势震荡时,均线表现为所有周期的均线相距较近、处于反复缠绕的状态;BOLL呈波带较窄状态的水平小幅震荡;MACD表现为双线相距较近、几近黏合状态的水平小幅震荡。只要其间日线图上至少有30根K线时,即可确认为长期弱势震荡。

如图4-6所示,金徽酒(603919)日线图上在2019年9月至2020年9月期间的A区域,成交量下方的均线显示为所有均线相距较近状态的反复缠绕,BOLL波带为较窄状态的水平小幅震荡,最下方的MACD表现为双线相距较近、几近黏合状态的水平小幅震荡,所以,日线图是符合长期弱势震荡要求的。

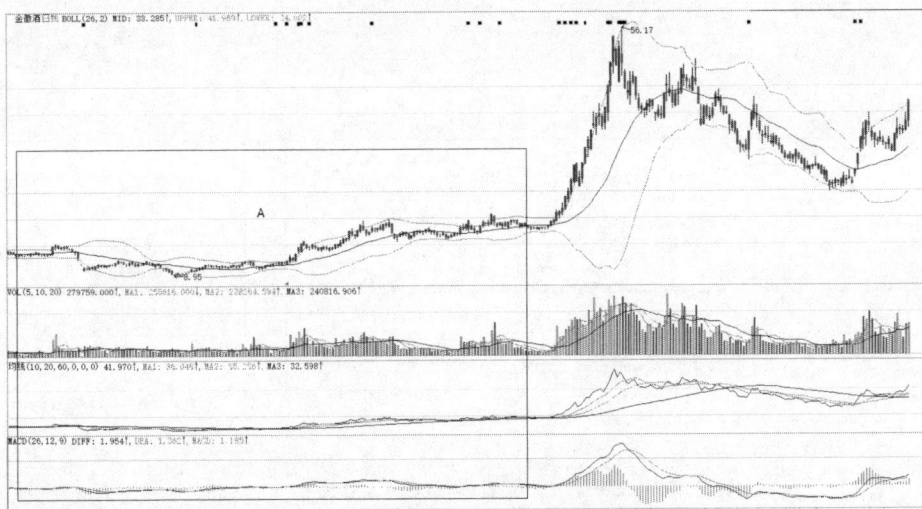

图4-6 金徽酒-日线图(大智慧)

(2)周线图要求。日线图符合长期弱势震荡期间,周线图的K线要处于长期弱势震荡或上涨趋势调整行情的弱势震荡,由于周线图上的一根K线为一周,所以在确认弱势震荡时，首先必须至少有五根时，方为日线图的30个交易日；其次就是弱势震荡，要求周线图中短期均线缠绕状态下，如果长期均线未与中短期均线缠绕，仍然位于所有均线上方时，必须转为平行，越是长期均线向下接近中短期均线时，或与中短期均线缠绕时越理想。

通过对图4-6金徽酒日线图符合长期弱势震荡要求的观察后，还要观察周线图的表现，即图4-7中2019年9月至2020年9月的A区域，从最下方的MACD观察，同样属于双线相距较近的水平小幅震荡，但通过对BOLL和均线的观察发现，前面均表现为长期弱势震荡，但到后面B区域时，BOLL形成波带变宽的向上开口，说明行情开始缓慢上涨，而均线在B区域明显表现为短期均线在长期均线之上的多头排列的上涨趋势，只不过这种上涨相对缓慢一些，所以，结合MACD会发现，B区域即是双线在0轴上方的震荡调整，即上涨趋势中的短期调整行情。

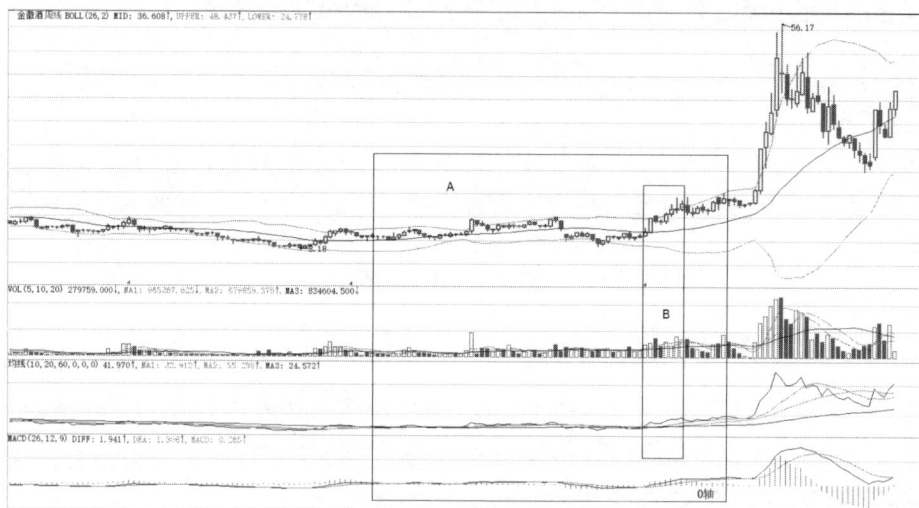

图4-7　金徽酒-周线图（大智慧）

通过对以上日线图和周线图的观察发现，在2019年9月至2020年9月，金徽酒这只股票是完全符合技术面选股的要求，这时就要进一步观察量能水平的要求了。

实战指南：

（1）在技术面选股时，只要其中有一个指标表现为长期弱势震荡时，即可确认符合要求，但因为炒股软件的常态显示下，均能同时显示两种指标，所以，通过两个指标进行确认才更为可靠。

（2）在技术面选股期间，利用均线观察时，最好能够在日线图上增加120日均线，周线图上也增加120周均线，即通过六根均线来观察，只有在120日均线或120周均线均与其他均线缠绕状态时最理想，若是120日均线或120周均线依然位于最上方时，必须已经转为平行，且向下距其他均线越近时，未来短期快速转为强势的概率越高。

（3）蜘蛛战法虽然通过日线图的上涨波段操作来获利，但通过周线图的观察，是为了确保日线上涨波段不是宽幅震荡上涨的小波段，因为越是趋势反转的上涨波段，未来日线上涨波段形成的涨幅越大，根据日线累积涨幅判断买卖点时最可靠，即操作获利最高，通常反转行情的一个日线上涨波段操作，掐头去尾后可获利70%~80%。

4.2.3　选股的量价形态：地量震荡

根据长期弱势震荡技术选股期间，技术形态虽然是主要的，但为了确保这种股价的整理为弱势整理，而非过大的宽幅震荡，股价在震荡期间的成交量也必须保持在低量水平的地量小幅震荡，因为只有在短期参与度不高的情况下，才更有利于主力的大举建仓和通过小幅震荡来震仓，最终达到边洗盘边建仓的目的。

地量震荡的具体要求：

地量是指当前的成交量水平保持在高点时成交量的20%以内，但这只是市场人士判断地量时的一种简单方法，以此来判断并不十分准确，所以，判断时只要根据前期高量水平来观察，只要当前的量能水平保持在较低的状态，即量柱为持续较短的水平，且会持续出现小阳量时，才是主力缓慢介入的迹象，即可确认当前的长期弱势震荡为符合技术选股要求的地量整理状态。

为方便观察，在此我们仍然以金徽酒为例，以日线图为主，即图4-8中2019年9月至2020年9月的A区域，在成交量显示区域内，初始的B区域的成交量明显为地量水平，其后的C区域量柱略有变长，但依然属于相对的低量水平，且多出现小阳量，说明在此期间主力是在借低吸的时机，进行反复的震仓洗盘。

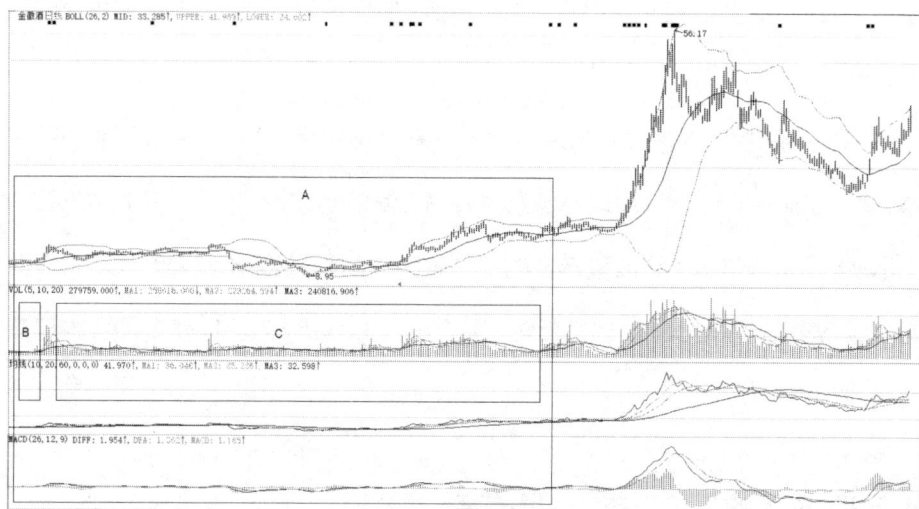

图4-8　金徽酒-日线图（大智慧）

因此可以确认，A区域完全符合地量震荡的长期弱势的技术选股要求。这时即可通过基本面的观察来进一步确认金徽酒这只股票是否符合基本面的要求，以确认为目标股。

实战指南：

（1）地量是市场人士经常用到的一种说法，前期最高量柱水平的20%以下，只是市场上习惯的判断方法，但若前期单根量柱为巨量时，则地量水平会偏高，所以，判断时只要量柱是整体处于相对较低的小量柱水平即可。

（2）地量的低量水平震荡时，选股时只有在长期弱势震荡中，量柱长短持续保持在相近的低量水平即可，无须过于苛刻，且阴量阳量均可，多为小阴量与小阳量柱。但通常持续出现小阳量时才是主力介入的迹象，符合技术选股时的地量要求。

（3）在通过地量水平的长期弱势震荡选股时，若震荡整理时间长，量柱水平会随着股价震荡的特征，出现震荡向上波动时量能温和放大，震荡向下波动时缩量。但若是偶尔放出数根较长量柱时，为主力加大力度的震仓行为，无须过于计较。反而越是地量水平略有放大状态下的震荡，越是接近于主力震仓洗盘的尾声。

4.3　基本面选股方法

4.3.1　判断业绩的四大指标

业绩报告反映上市公司在生产经营过程中产生的盈亏状态，但在判断上市公司的盈利程度和盈利能力时，无须观察所有的财务指标。

因此，在选股观察公司的业绩时，应主要着重于对其中净利润、基本每股收益、净资产收益率、资产负债比率四个财务指标。

因为这四个指标主要反映上市公司的盈亏状态和盈利能力，最能体现出上市公司的财务状况的好坏程度，以及未来是否依然保持较强的盈利能力，预判上市公司是否存在因为业绩的提升而不断出现股价上涨的可能。

四大财务指标及判断方法：

（1）净利润。是上市公司在一定周期内生产经营中所产生出来的净收益，但在观察这一指标时，最好结合扣非净利润来判断，因为扣非净利润是除去非经常性损益后的收益，而非经常性损益包括与上市公司经营无关的所有开支，是上市公司实际的收益。

只要发现这两个指标的数值均为正值，且基本保持稳定收益，则说明上市公司是持续赚钱的，其非经营支出是健康的。

仍以金徽酒为例，观察其基本面的情况如图4-9所示，金徽酒（603919）在年度财务概况中，因为在2020年9月尚未公布2020年的财报，所以应以2017年、2018年和2019年这三个年度的财务数据为准，其中的净利润基本保持在略高于2.5亿元的水平，收益稳定持续，并且扣非净利润的数值也与净利润相差不大，说明公司的非经常性损耗并不大，符合要求。

（2）基本每股收益。是上市公司在一定时期内的净利润除以公司发行在外的所有普通股加权平均所得的每股收益。通常在选股时，年度基本每股收益在0.5元左右或更高时，说明公司的赚钱能力较好。

如图4-9中基本每股收益在2017年、2018年、2019年连续三年均保持在0.5元以上，说明公司的赚钱能力稳定、良好。

（3）净资产收益率。是上市公司的净利润和平均股东权益的百分比，是指上市公司税后利润除以净资产得到的百分比率。这一指标反映股东的收益水平，用于衡量上市公司在运用自有资本获取收益的效率。

图4-9　金徽酒-个股资料-财务概况1

这一指标值越高，说明公司投资带来的收益越高。在选股期间，净资产收益率一般常年保持在5%左右或以上时才符合标准，超过10%时即可确认为绩优股。

如图4-9中净资产收益率在2017年、2018年、2019年连续三年中均保持在10%以上，所以基本上可以确认这只股票属于绩优股，业绩优良。

（4）资产负债比率。是指上市公司在一定时期内企业流动负债和长期负债与企业总资产的比率，这一指标主要用来反映上市公司总资产中借债筹资的比重，是衡量上市公司负债水平的高低情况。选股时，一般资产负债比率保持在75%以内时属于正常，这一比例越低，说明公司经营的负债压力越小。

如图4-10所示，净资产负债比率在2017年、2018年、2019年连续三年均保持在20%~30%的水平，属于负债比较低的企业，说明公司在经营过程中的负债压力极小，符合选股要求。

金徽酒 603919

	2020	2019	2018	2017	2016	2015
每股净资产(元)						
每股资本公积金(元)	1.72	2.53	1.80	1.80	2.64	0.46
每股未分配利润(元)	2.42	2.62	2.38	1.99	2.02	2.00
每股经营现金流(元)	0.66	0.95	0.24	0.29	1.39	1.34
盈利能力指标						
销售净利率	19.14%	16.56%	17.68%	18.98%	17.37%	14.02%
销售毛利率	62.51%	60.72%	62.30%	63.01%	61.33%	60.10%
净资产收益率	12.53%	11.84%	13.57%	14.58%	16.28%	24.09%
净资产收益率-摊薄	11.93%	10.65%	12.94%	13.84%	13.51%	21.58%
运营能力指标						
营业周期(天)	552.94	446.36	395.38	313.35	256.17	228.30
存货周转率(次)	0.65	0.81	0.92	1.16	1.42	1.60
存货周转天数(天)	550.63	443.57	392.67	310.56	253.52	225.25
应收账款周转天数(天)	2.31	2.80	2.71	2.79	2.65	3.04
偿债能力指标						
流动比率	2.45	2.31	2.02	1.73	1.60	0.72
速动比率	0.84	0.90	0.46	0.77	0.80	0.37
保守速动比率	0.84	0.85	0.46	0.77	0.80	0.37
产权比率	0.27	0.25	0.35	0.28	0.38	1.41
资产负债比率	21.34%	20.04%	25.99%	21.67%	27.31%	58.55%

图4-10 金徽酒-个股资料-财务概况2

综合以上四个财务指标的观察、分析和判断，基本上可以确认金徽酒这家上市公司属于业绩常年优良、赚钱能力强、负债水平极低的上市公司，属于优选的股票基本面类型公司。

结合上节技术面选股的情况，这只股票在2019年9月至2020年9月，是完全符合技术面+基本面选股要求的，且为基本面优选品种，应将其列为目标股。

实战指南：

（1）在基本面选股时，主要通过个股资料中的财务概况来观察，观察时主要指标为四个：净利润、基本每股收益、净资产收益率、资产负债比率。其中观察净利润时，应结合扣非净利润，因为如果公司的非经营性损耗过大，也会拖累公司的净利润。

（2）在观察基本每股收益时，因为基本每股收益体现的是公司的盈利能力，所以这一数值越高，说明这家公司的赚钱能力越强，但必须同时观察净资产收益率，这样才能更为准确地判断出公司的实际赚钱能力是否健康。

（3）在基本面选股时，一定不要忽视财务概况中的资产负债比率，因为若是资产负债比率过高时，说明公司举债经营的压力很大，就是公司经营主要靠借钱维持。一般优质的公司，资产负债比率都保持在30%左右，而一旦这一数值超过100%，说明这家公司已经资不抵债，面临破产风险。

4.3.2　判断白马股、绩优股、龙头股的方法

在基本面选股期间，因为白马股、绩优股、行业龙头股表现为常年的业绩优良，所以经常受到市场资金的高度关注，尤其在大盘由弱势转强势初期，这三类股票经常会率先走出一波明显的上涨行情，所以在基本面选股时，若是技术面符合选股要求时，这三类股票是优选的品种。

判断白马股、绩优股、行业龙头股的方法：

（1）白马股。就是上市公司业绩长期绩优，股东回报率较高，具有较高投资价值的股票。市场通行的判断白马股的方法，是通过上市公司的每股收益、每股净资产值、净资产收益率、净利润增长率、主营业务收入增长率、市盈率来综合判断，但由于白马股的业绩都是透明的，有着业绩优良、高成长、低风险的特点，所以，在炒股软件中系统会自动识别出白马股，观察时只要根据个股资料中"最新动态"内的"财务分析"即可得出结果，属于白马股的即会标明，未标明的则不属于白马股。

如图4-11所示，好想你（002582）在个股资料的最新动态中，财务分析中明确标明这只股票为白马股，说明业绩持续稳定增长，一旦技术面符合选股要求，即为优选目标股。

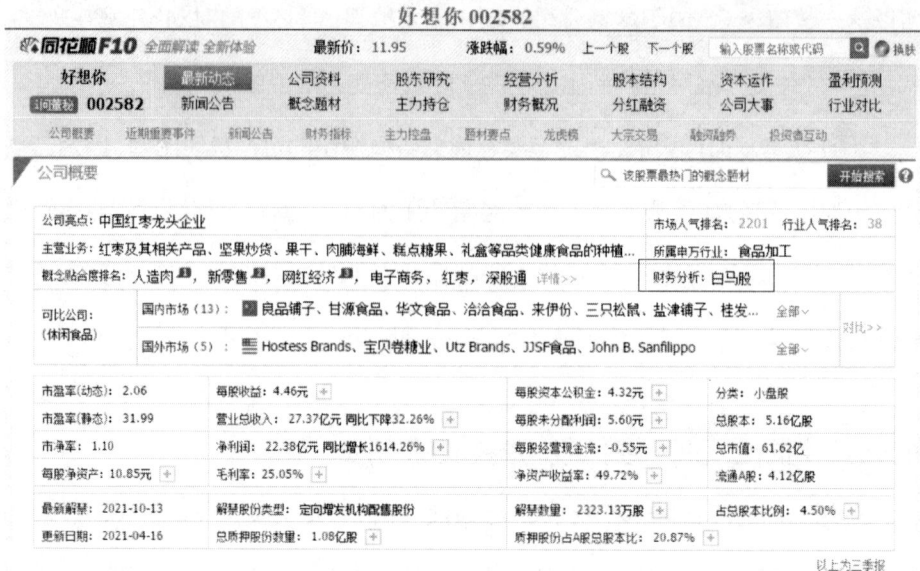

图4-11　好想你-个股资料-最新动态

（2）绩优股。就是业绩长期优良的上市公司所发行的股票，通常来说，当一家上市公司的净资产收益率连续三年均超过10%时，即可确认为绩优股。在判断时，通过个股资料中"最新动态"内的"财务分析"，同样可以得出结果，绩优股系统会自动标明，非绩优股则不用标明。

如图4-12所示，维力医疗（603309）在个股资料中的最新动态内，财务分析中明确指出这是一只绩优股，表明业绩常年保持优良，一旦技术面符合要求时，同白马股一样为优选目标股。

（3）龙头股。是在上市公司所属的行业或细分行业内，公司规模较大，或掌握的核心技术处于领先地位。这类上市公司发行的股票，即为行业龙头股或细分行业龙头股，判断时主要通过"行业对比"中的每股收益排名，一般排名在前三位的，多为行业或细分行业龙头股，但要结合个股资料中公司在整个行业或细分领域的地位来进行确认。

维力医疗 603309

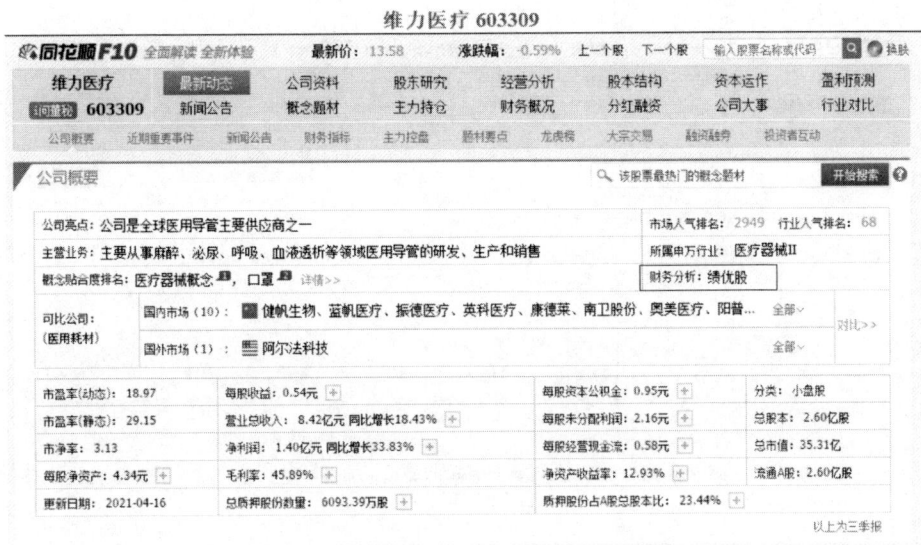

图4-12　维力医疗-个股资料-最新动态

如图4-13所示，柘中股份（002346）在个股资料中的行业对比内，这家上市公司在三级行业分类中，即中压设备细分行业的20家企业中，排名第三位，且在图4-14中最新动态的公司亮点中明确指出，这家公司为我国成套开关设备龙头企业之一，为当之无愧的细分行业龙头股。一旦技术面也符合选股要求时，同样是优选的目标股。

实战指南：

（1）由于白马股的业绩都是透明的，所以在牛市中是难以找到白马股较理想的介入时机的，选择白马股，尤其是大盘股中的大白马股，通常是在大盘弱势中才能寻找到更为理想的低位，牛市中操作白马股时多为短线操作。

柘中股份 002346

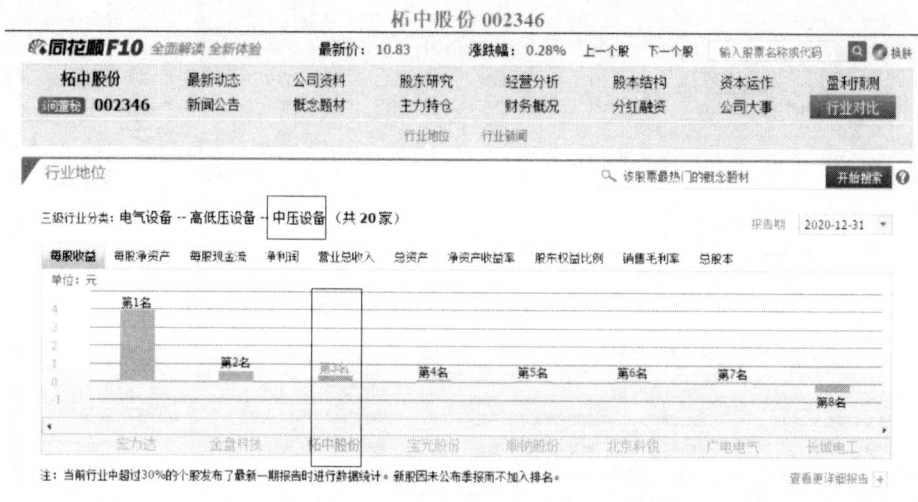

图4-13 柘中股份-个股资料-行业对比

柘中股份 002346

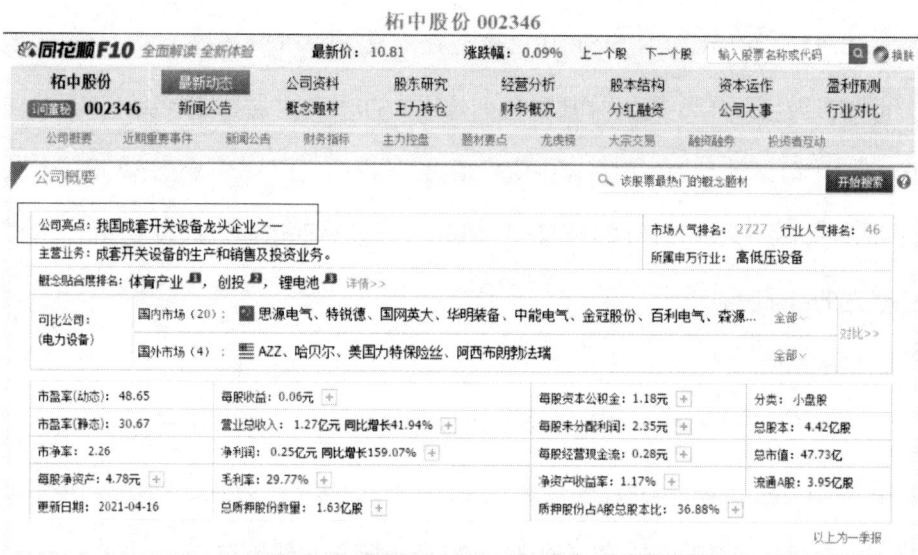

图4-14 柘中股份-个股资料-最新动态

（2）基本面选股时，绩优股因为有业绩支撑，所以同样是优质标的，只要技术面符合选股要求时，即应放入自选股，作为目标股持续观察，其后操作时即便出现小的失误也不用过于慌乱，因为业绩保障是股价主要的上涨动力。

（3）选股时的龙头股，与市场上所讲的龙头股略有差别，因为市场上所讲的龙头股为板块或行业的领涨股，而蜘蛛战法中选股的龙头股主要是行业或细分行业领域内技术领先的企业，因为这类上市公司所占行业或细分行业的市场份额处于领先地位，技术壁垒相对较高，所以一旦行业转暖，行业板块启涨时，处于龙头地位的股票最容易成为领涨股，且涨幅要远高于同行业或同板块的其他股票。

（4）在基本面选股期间，因为龙头股通常的业绩是优良的，所以与白马股和绩优股或许会出现重叠，甚至是只有白马股与绩优股重叠，这是正常的，所以，选股时兼具越多的，如同时为白马股、绩优股，或同时又为龙头股时，则为优选的目标股。

（5）在选择龙头股时，因为有些行业受到政策的常年支持，其中不乏较多的优秀公司，如白酒行业、生物制药、医疗器械、集成电路等，所以，细分行业的龙头股较多，所以不可只通过二级行业对比中排名的高低确认，一定要综合判断。

4.4　实战要点

4.4.1　拒绝ST类股票和绩差股

在基本面选股时，一定要留意ST类股票和绩差股，因为这两类股票均意味着上市公司的业绩处于较差水平，所以，即便符合技术面的要求，其后出现上涨的概率和幅度也不会太大，若是出现非公司盈利能力大幅改变的大幅上涨，更是容易被证监会调查，所以，选股时一定要注意回避这两类股票。

识别ST类股票和绩差股的方法：

（1）识别ST类股票的方法很简单，只要技术选股期间，发现股票简称前冠有*ST、ST、S*ST、SST、S等字母的股票，均统称为ST类股票，又称为垃圾股，这些股票简称前冠以这类字母是为了对投资者进行预警，选股时一经发现即应放弃。

如图4-15所示，*ST辅仁（600781）在A区域虽然表现为长期弱势震荡，但这只股票的简称前冠有*ST，说明这家公司在持续亏损的第三年中依然处于亏损状态，具有极高的退市风险，所以，应即刻放弃选股的分析和判断。

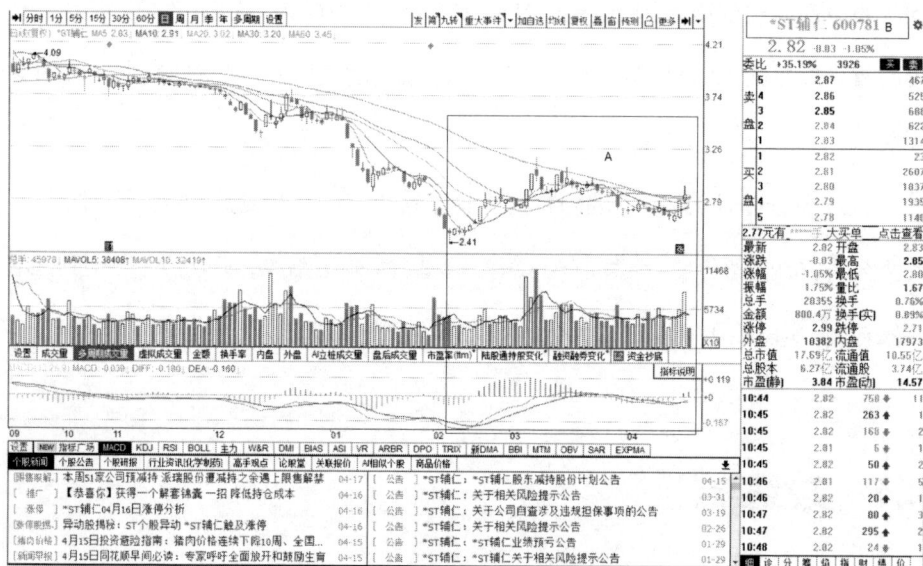

图4-15　*ST辅仁-日线图

（2）绩差股。就是由于上市公司的行业前景不好，或是公司的经营不善，导致公司的业绩持续较差甚至是亏损的股票。在判断时，除了通过财务概况观察公司常年净利润较低，或是经营出现季度性亏损时，或是通过"最新动态"中"财务分析"内标明为绩差股时即可确认。

如图4-16所示，永鼎股份（600105）股票如果技术面符合选股要求，在基本面观察中，发现个股资料内的财务分析中明确指出为绩差股时，说明公司业绩较差，未来缺乏上涨的动力，同样应放弃继续选股。

图4-16　永鼎股份-个股资料-最新动态

实战指南：

（1）绩差股从业绩上看，仅次于ST类股票，所以，绩差股多数为ST类股票的前期表现阶段，因为这类股票在市场上常年未受到资金关注，交投不活跃，年终分红少，所以，也是基本面选股时要回避的对象。

（2）判断ST类股票的方法虽然简单，但一定要分清股票简称前的具体字母，因为对于科创板与创业板类的股票，新股或上市五个交易日内，甚至是上市公司处于尚未盈利状态时，也会在股票简称前冠以字母，所以，识别ST类股票的方法就是单一的S或加上T，或是S的重复，甚至再加上一个*的符号。

4.4.2　拒绝超低面值股

在根据蜘蛛战法实战选股期间，除了要拒绝操作那些ST类股票和绩差股外，同时还要提防另一种情况，就是股票中那些在股价上表现为较低状态的超低面值股，因为根据上海证券交易所发布的《上海证券交易所股票上市规则（2020

年12月修订）》中"第二节交易类强制退市"中的13.2.1规定："上市公司出现下列情形之一的，本所决定终止其股票上市：（一）在本所仅发行A股股票的上市公司，连续120个交易日通过本所交易系统实现的累计股票成交量低于500万股，或者连续20个交易日的每日股票收盘价均低于人民币1元；"因此，在实战选股期间，一定要留意目标股是否为超低面值股。

判断超低面值股的标准：

判断超低面值股时，不是当发现股价面值低于1元时才是符合超低面值股，因为股价低于1元是上交所对强制退市股的面值规定，所以在选股时，只要发现目标股的面值低于3元时，即可确认是超低面值股。

因为一旦股价面值较长时间保持在3元以下时，市场资金的关注度就会极低，表现为长期的弱势盘整，所以在技术形态上就会表现为长期弱势震荡整理，但其后经常会表现为弱势转弱的盘整，极易在业绩较差的情况下出现面值的持续下跌，出现接近1元面值的风险，所以，一定要在确认股价面值低于3元时，采取坚决回避的态度。

如图4-17所示，亚盛集团（600108）在A区域形成技术形态的长期弱势震荡，虽然这只股票的简称前未冠有ST类的标识，但A区域的股价一直保持在2元多，符合面值低于3元的超低面值股要求，所以，在选股期间虽然技术形态符合长期弱势震荡的要求，也要坚决放弃。

实战指南：

（1）超低面值股，是指股价在长期弱势震荡中的股价面值始终低于3元时，即可确认为面值超低股，而不是只有股价低于1元面值时才是超低面值股。

（2）超低面值股虽然从空间上来说，其未来一旦上涨，具有较大的上涨空间，但正是由于公司业绩持续较差，才会导致股价面值的持续较低，而非大幅上涨后的股价回调，所以，买入的风险是远高于常态类股票的。

图4-17　亚盛集团-日线图

（3）即便在实战中经常出现因股价为超低面值股，且处于接近1元的退市规定状态，而出现持续上涨，大多数为上市公司为躲避退市规定而展开的自救，但往往这种自救行为不是因为业绩的提升而产生的，不会长久。所以，一旦超低面值股接近1元时，即便涨势看起来强劲，也应回避操作。

4.4.3　优选技术面长期弱势、基本面短期强的股票

在根据蜘蛛战法实战选股期间，一定要始终保持选股时的一个原则，就是技术面上呈现长期弱势，同时基本面在长期保持稳定的情况下，短期基本面越强势越理想。因为越是技术面弱势时间长的股票，说明整理越充分，未来突然转强的概率越高，而基本面的长期优良状态下的短期强势，又是业绩大幅增长的一种趋势，两者合二为一时，股价短期转强的概率最高。

技术面长期弱势、基本面短期强势的具体要点：

技术面长期弱势的判断，最低限度是至少在日线图的30个交易日内均表现为弱势震荡，通常股价达到6个月以上的弱势震荡时，说明弱势整理较为充分；基本面短期强时，应保持在最近持续三年业绩较好状态的情况下，近期的单季度基本面出现略微增长。

如图4-18所示，雪迪龙（002658）在日线图上2020年12月至2021年2月的A区域，K线和MACD双线表现为长期弱势震荡，符合技术面长期弱势的要求；观察基本面发现，在图4-19的年度财务概况中，2017年、2018年、2019年的业绩一直保持持续稳定的盈利状态，图4-20的单季度财务概况中，显示在2020年第三季度中，业绩明显高于前两个季度的净利润，为短期基本面强势。

综合图4-18～图4-20，可确认雪迪龙这只股票在2020年12月至2021年2月表现为技术面长期弱势、基本面短期强势，为选股时优选的目标股。

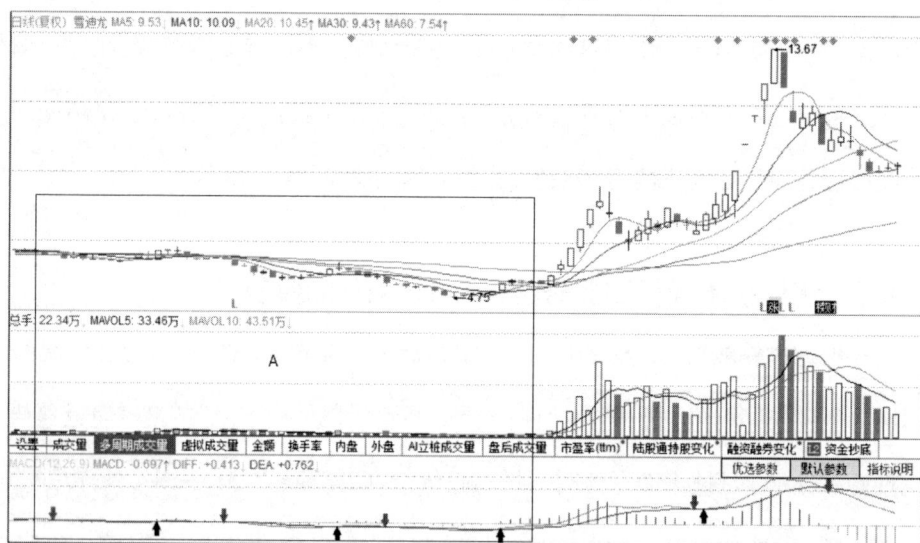

图4-18　雪迪龙-日线图

雪迪龙 002658

科目\年度	2020	2019	2018	2017	2016	2015
成长能力指标						
净利润(元)	**1.50亿**	**1.41亿**	**1.79亿**	**2.15亿**	1.94亿	2.63亿
净利润同比增长率	6.95%	-21.56%	-16.54%	10.77%	-26.25%	32.23%
扣非净利润(元)	1.50亿	1.38亿	1.71亿	2.07亿	1.83亿	2.51亿
扣非净利润同比增长率	8.64%	-19.00%	-17.49%	13.18%	-27.01%	27.75%
营业总收入(元)	12.13亿	12.43亿	12.89亿	10.84亿	9.98亿	10.02亿
营业总收入同比增长率	-2.45%	-3.53%	18.87%	8.63%	-0.42%	35.19%
每股指标						
基本每股收益(元)	0.2500	0.2300	0.3000	0.3600	0.3200	0.4300
每股净资产(元)	3.49	3.53	3.51	3.13	2.84	2.60
每股资本公积金(元)	0.40	0.40	0.40	0.41	0.41	0.41
每股未分配利润(元)	1.93	1.81	1.70	1.51	1.26	1.06
每股经营现金流(元)	0.40	0.42	0.23	0.41	0.25	0.19
盈利能力指标						
销售净利率	12.39%	11.17%	13.97%	19.64%	19.46%	26.21%
销售毛利率	41.85%	44.03%	43.48%	48.35%	48.11%	50.10%
净资产收益率	6.92%	6.66%	8.74%	11.95%	11.86%	18.07%
净资产收益率-摊薄	6.76%	6.58%	8.44%	11.36%	11.30%	16.71%

图4-19 雪迪龙-年度财务概况

雪迪龙 002658

科目\年度	2020-12-31	2020-09-30	2020-06-30	2020-03-31	2019-12-31	2019-09-30
成长能力指标						
净利润(元)	8910.15万	5198.80万	3334.69万	-2406.14万	4327.03万	4377.99万
净利润同比增长率	105.92%	18.75%	-23.62%	-343.01%	8.97%	-46.82%
扣非净利润(元)	9262.83万	5014.63万	3322.09万	-2564.90万	4254.18万	4190.61万
扣非净利润同比增长率	117.73%	19.66%	-22.95%	-336.97%	23.97%	-48.89%
营业总收入(元)	5.38亿	3.00亿	2.57亿	1.17亿	3.00亿	3.29亿
营业总收入同比增长率	79.53%	-8.63%	-28.06%	-54.48%	-31.99%	-10.89%
每股指标						
基本每股收益(元)	0.1500	0.0800	0.0600	-0.0400	0.0700	0.0700
每股净资产(元)	3.49	3.35	3.32	3.31	3.53	3.27
每股资本公积金(元)	0.40	0.40	0.40	0.40	0.40	0.40
每股未分配利润(元)	1.93	1.81	1.72	1.77	1.81	1.76
每股经营现金流(元)	0.21	0.10	0.13	-0.05	0.20	0.13
盈利能力指标						
销售净利率	12.39%	9.00%	2.32%	-20.97%	11.17%	10.16%
销售毛利率	37.88%	47.68%	--	40.10%	52.03%	44.79%
净资产收益率	4.06%	2.42%	1.57%	-1.13%	2.02%	2.08%
净资产收益率-摊薄	3.89%	2.42%	1.59%	-1.14%	1.93%	2.04%

图4-20 雪迪龙-个股资料-单季度财务概况

实战指南：

（1）在选股期间，一些突然爆发的牛股的前期弱势整理，通常都在六个月以上，甚至是更长的时间，如一年多到两年的弱势整理，这类股票一旦启动，最容易成为短期翻倍的黑马股，所以是黑马股的技术选股方法，但一定要观察基本面的情况，因为绩优股调整时会经常表现为技术面的长期弱势震荡整理，以利于主力的低位建仓。

（2）基本面选股时，短期基本面强的选股，必须是在长期基本面相对较好的状态下进行。因为白马股或龙头股在选股时，往往越是技术面弱势+短期基本面弱势时，才是最好的介入时机，因为这类业绩有保障的上市公司，其抗风险能力强，只有基本面短期呈现强势的技术面呈弱势时，才是好的介入时机，但一定要对这种基本面短期的弱势进行判断，因为一旦基本面大幅改变公司的赚钱能力时，往往是行业重新洗牌的开始。

（3）在根据技术面长期弱势+基本面短期强势选股时，应尽量选择上市公司景气度高、行业未来具有发展潜力的股票，尤其是那些符合国家战略需求的高科技、节能减排要求、掌握核心技术或新技术、关乎民生的企业，因为这类企业最容易受到国家政策的大力扶植，容易受到资金的青睐，发展较快，未来更具有潜力。而应尽量回避那些行业没落的产业链上游的企业。

第 5 章

红蜘蛛形态：上涨波段开始的买股前提

红蜘蛛形态在蜘蛛战法中属于对股价上涨波段开始初期的判断，红蜘蛛形态出现后，并不是就可以放心买股，它只是买股的前提，因为红蜘蛛形态只是属于股价在转强初期所表现出来的技术形态，必须在红蜘蛛形态期间，满足量价齐升的要求时才能买股，所以，红蜘蛛形态只是上涨波段开始的买股前提，但却是买股前最重要的一环。

虽然红蜘蛛形态的判断与下一章买股时机的判断要同步进行，但一定要分开来学习，这样有助于投资者能够准确按照操盘步骤一一进行判断。

5.1 判断红蜘蛛形态的周期图

5.1.1 日线图为主

由于蜘蛛战法属于中短波段操作，是以日线图上涨波段的持股获得为准，所以，在判断红蜘蛛形态的上涨波段开始时，是以日线图为主来进行观察的，因为只有日线图上的上涨波段才属于中短波段操作，所以，在判断红蜘蛛形态时，是以日线图为主来观察和判断的。

日线图上涨波段的特点：

日线图的上涨波段通常时间不会很长，除非一些流通盘略大的价值标的股上涨趋势形成后，一般中小盘股的上涨波段大多保持在一个月左右的时间，或略短、或略长。上涨波段出现后的表现形式主要有两种：一种是持续快速上涨，股价基本保持启动后持续大幅上涨，经常以持续涨停的方式出现上涨；另一种是震荡上涨，股价表现为重心不断抬高的锯齿式上涨。

如图5-1所示，北方稀土（600111）在A段上涨波段中，是由2021年1月初开始至3月初结束，时间达到2个月，但除去节假日的休市，也就一个多月的时间，且股价的上涨是以震荡上行的锯齿式上涨出现的，说明上涨波段是相对缓慢的；图5-2所示为郑州煤电（600121）在A段上涨波段形成后，包括短线调整后的B段上涨波段，其上涨表现为持续快速上涨，明显看到K线是以持续涨停的方式快速上涨，A段持续时间是2020年11月20日至12月10日，B段持续时间是2020年12月17~31日，加在一起的整个A段和B段的上涨波段，以及中间调整的数日，也不过一个多月的交易日，但累积涨幅和短期涨幅却是巨大的，均出现了短期快速翻倍的行情。

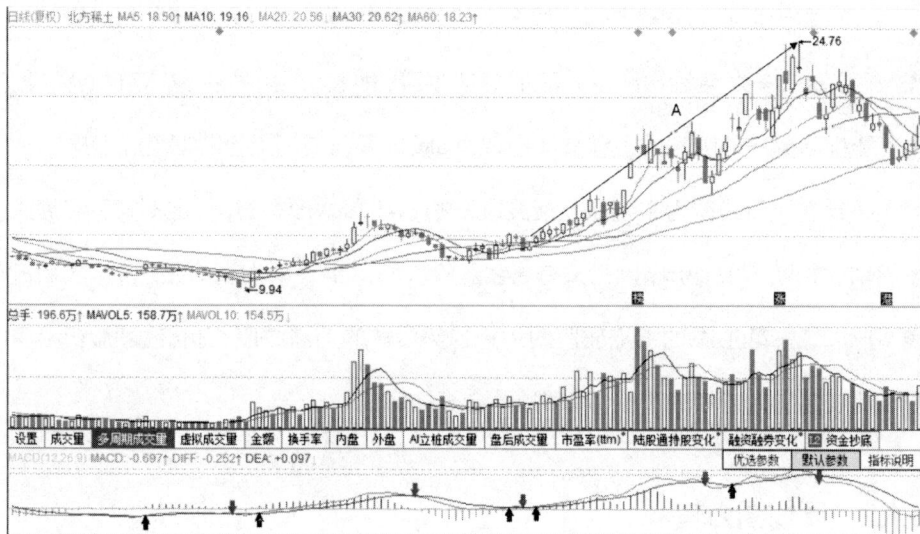

图5-1　北方稀土-日线图

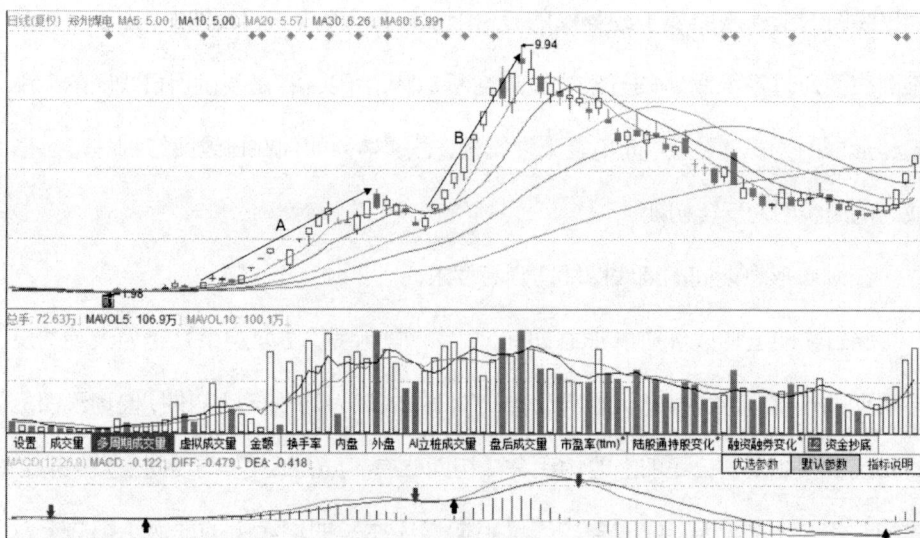

图5-2　郑州煤电-日线图

实战指南：

（1）在使用日线图时一定要明白，日线图的上涨波段形成后，一般的股票持续上涨的时间并不会很长，一般在一个月左右的交易时间，且上涨波段形成后都会出现主升浪，即股价持续快速上涨明显的阶段。

（2）由于选股时同样是以日线图上的长期弱势为主，所以在操作日线图的上涨波段时，大多为突然启涨主升浪的短期牛股，即股价短时持续强势的上涨，但也不能排除另一种缓慢的上涨波段出现，即股价采取震荡上行的锯齿式上涨。

（3）在以日线图为主判断上涨波段开始的红蜘蛛形态时，一定不要忽略周线图的辅助判断选股作用，因为只有周线图股价同时也表现为弱势整理时，其后日线图形成红蜘蛛形态的上涨波段时才是趋势反转的上涨波段，即日线图股价上涨波段非震荡加大的短时上涨，其涨幅才会更加可观。

5.1.2　周线图为辅

周线图在蜘蛛战法中买股前的红蜘蛛形态判断时，同样是重要的K线图，因为日线图的上涨波段属于趋势性的股价上涨波段，而观察日线图时，由于我们观察时主要通过系统默认的五条均线来判断趋势，所以，若是要确保日线图的上涨趋势形成时为主要趋势，而不是大幅震荡，必须学会如何在日线图红蜘蛛形态形成时的周线图为反转初期。

红蜘蛛形态期间的周线图辅助判断要求：

当日线图上形成红蜘蛛形态期间，周线图的观察，主要观察是否为大趋势反转初期的征兆，周线图确认趋势反转初期时，依然为均线多头初期，但周线图上的均线多头初期与日线图上的均线多头初期略有不同，即五条均线向上发散的趋势通常不会十分明显，或五条均线呈短期均线在长期均线上的依次小幅向上发散，或120周均线处于平行或略上行状态的各短期均线缠绕中5周均线出现明显上行。

如图5-2所示，郑州煤电在日线图上A段上涨走势开始时的周线图上，即图5-3中的A区域，各均线在缠绕状态下出现短期均线在长期均线之上的小幅向上发散运行的状态，在即时行情中时，只有5周均线出现了明显向上翘起的上行时，才是周线图强势的反转初期征兆。

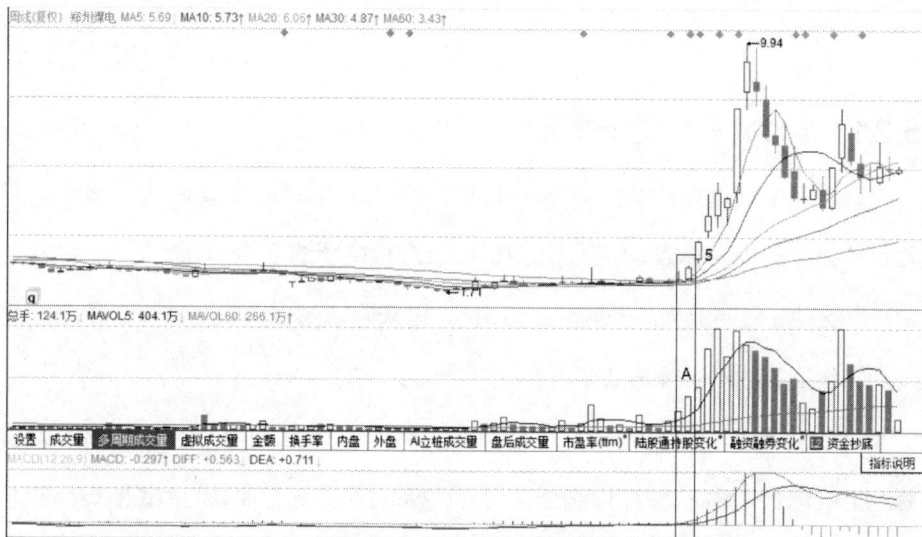

图5-3　郑州煤电-周线图

实战指南：

（1）在运用周线图辅助判断红蜘蛛形态的趋势时，主要判断周线图上是否形成上涨趋势初期，因为只有周线图也存在弱势转强时，才是大周期的上涨趋势形成的征兆，日线图的上涨波段涨幅才更值得期待。

（2）在利用周线图辅助判断趋势时，应手动调出120周均线，其间最好能确保120周均线在其他均线下方呈略上行状态，至少为平行状态。

（3）利用周线图辅助判断时，若是120周均线位于其他均线上方时，通常不会距离过远，或是股价已经突破120周均线，或是未突破，但必须确保120周均线已由下行转为平行，不可向下的角度过大，否则就必须确保日线图上的红蜘蛛形态期间保持着日线图红蜘蛛形态向上攻击时较为强劲，表现为快速涨停式上涨。

5.2 判断红蜘蛛攻击形态的三个关键条件

5.2.1 条件1：三线向上交叉

三线向上交叉是判断红蜘蛛形态形成时的首要条件，也是确认红蜘蛛形态为股价强势的重要标志。所以，在对目标股进行持续的观察与判断时，一定要时刻留意这种三线向上交叉的情况是否出现，以及确认是否形成红蜘蛛形态。

三线交叉的红蜘蛛形成要点：

三线交叉中的三线为MA5、MA10、MA20，是MA5由下向上与MA10和MA20相继形成的交叉，即均线金叉，并且这种三线交叉是在其他中长期均线的上方发生，不可能发生在长期均线的下方，K线此刻已经突破MA，是站在MA5之上。

如图5-4所示，金健米业（600127）在长期弱势震荡整理期间，一旦进入A区域，均线缠绕中，出现MA5向上与MA10、MA20相继交叉的三线向上交叉，且三线均在其他均线上方，K线成功站上MA5，符合红蜘蛛形态的第一个基本条件，这时即应观察其他中长期均线的情况，也就是第二个条件，以确认是否为符合红蜘蛛形态的要求。

实战指南：

（1）在确认红蜘蛛是否形成首要条件三线向上交叉时，必须三线向上交叉时出现在其他中长期均线的上方，且K线表现为突破MA5后位于MA5上方。

（2）如果是均线在缠绕期间，当MA5、MA10、MA20三线在长期均线MA60上方形成向上交叉时，同时也与MA30形成向上交叉，则为四线向上交叉的情况，更能表现趋势由弱转强的坚决，同样符合红蜘蛛形态前期的要求。

（3）若是在红蜘蛛形态中形成三线向上交叉时，MA60与各中短期均线保持在极近状态时，会形成五线向上交叉，这同样属于股价转势初期的红蜘蛛形态，但必须确保其后五条均线向上发散的均线多头排列初期的要求，或是K线在上涨时表现为极强的涨停式上涨，方可确认为红蜘蛛形态。

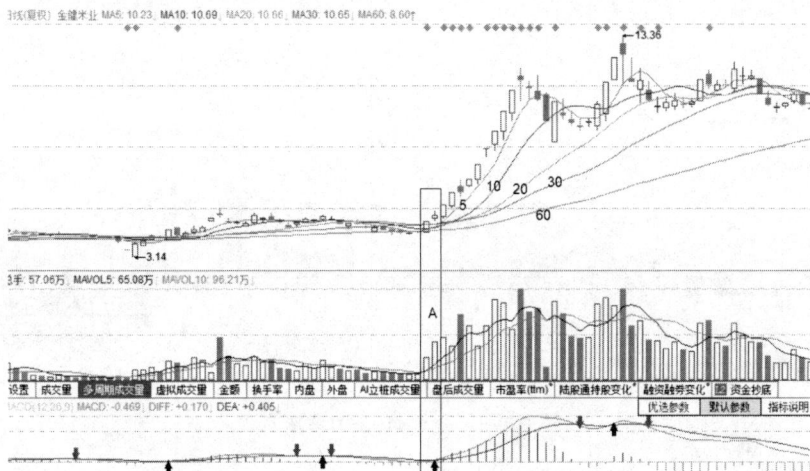

图5-4　金健米业-日线图1

5.2.2　条件2: 中长期均线平行或上行

当均线在缠绕状态下，一旦短期均线与MA20发生三线向上交叉时，必须确保其他中期均线和长期均线至少保持平行，理想的状态为上行，方可确认为均线的红蜘蛛形态。但必须满足第三个条件的其他技术指标的攻击或助涨确认后，才能确认为最有攻击性质的红蜘蛛形态，即符合买股前提的红蜘蛛形态。

红蜘蛛形态期间的中长期均线平行或上行要点：

首先确保中期均线MA30为上行状态，且长期均线MA60至少保持平行，上行时最理想，且MA30与MA60均线在其他均线的下方。

如图5-5所示，金健米业（600127）在A区域，即中短期均线形成三线向上交叉的同时，中期均线MA30和长期均线MA60均呈平行略上行状态，所以符合红蜘蛛形态的第二个条件，这时即应再观察，看是否达到第三个条件的要求，以确认A区域是否为强势的红蜘蛛形态。

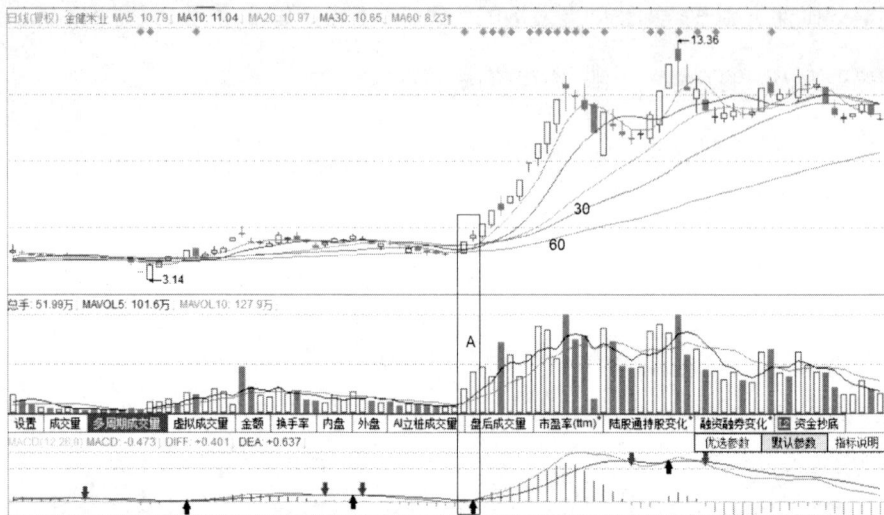

图5-5　金健米业-日线图2

实战指南：

（1）当均线在缠绕状态形成三线由下向上的交叉时，其他中长期均线主要为中期均线MA30和长期均线MA60。这里不包括日线图上的120日均线，但如果在调出MA120的情况下，MA120至少也应保持平行状态，略向上时则更为理想。

（2）当均线达到至少三线向上交叉的要求后，中期均线MA30必须是向上运行的，MA60允许出现平行，略向上甚至是明显向上时更理想，但不允许MA60呈明显下行状态，且必须确保MA60是在其他均线的最下方。

（3）如果在形成红蜘蛛形态的初期，是四线向上交叉甚至是五线向上交叉时，往往日线图上的五条均线向上发散的特征更为明显，尤其是MA60。

5.2.3　条件3：其他指标的攻击或助涨

在完成前面两个步骤或条件的要求后，基本上可以确认为均线红蜘蛛形态，但是股价在弱势震荡盘整中，也经常出现震荡向上时的红蜘蛛盘整。所以，只有再通过其他指标的攻击或助涨的辅助判断，才更能确认红蜘蛛为攻击形态的开始，方能确认强势的红蜘蛛形态的最终成立。

其他指标的攻击或助涨要求：

当均线符合红蜘蛛形态要求后，其他指标的辅助判断，包括MACD和BOLL，攻击形态主要包括BOLL开口形喇叭口、DIFF线突然向上翘起，包括K线黄金坑出现时的BOLL向上开口转开口形喇叭口的渐变形态，以及DIFF线突然大角度上行与DEA线的金叉；助涨形态则主要表现为MACD多头趋势或0轴附近的金叉。只要在均线红蜘蛛形态期间，无论是BOLL还是MACD，只要出现一种攻击形态或助涨形态，即可确认红蜘蛛形态的强势特征，再来通过量价判断买股时机。

图5-4和图5-5判断红蜘蛛形态时，在均线符合红蜘蛛形态的前两个条件期间，观察图5-6中大智慧的金健米业日线图发现，在均线形成红蜘蛛形态的A区域，BOLL形成开口形喇叭口，同时MACD也表现为DIFF线的突然向上翘起，均属于其他指标的强势攻击形态，满足红蜘蛛形态判断时的第三个要求，即可确认A区域为具有攻击欲望的红蜘蛛形态，同时持续放量上涨明显，符合买点要求，应果断买入股票。

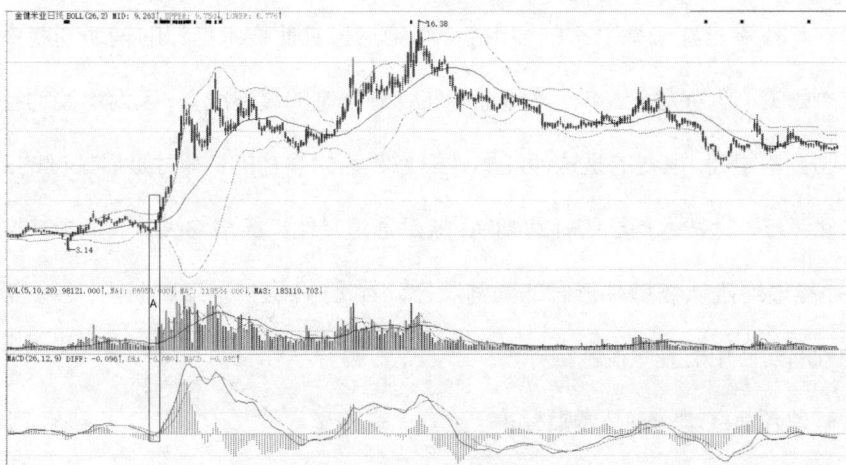

图5-6　金健米业-日线图3（大智慧）

实战指南：

（1）在蜘蛛战法实战期间，判断红蜘蛛形态时一定要注意，蜘蛛战法中的红蜘蛛形态与市场上一些判断金蜘蛛形态时，虽然有些类似，但不是完全通过均线来判断和确认，因为蜘蛛战法中的红蜘蛛形态不仅仅是一种均线形态，还包括其他指标的强势确认，才能最终确认强势的红蜘蛛形态。

（2）当均线符合红蜘蛛形态的要求时，一定要通过其他技术指标的辅助判断，其他技术指标包括BOLL和MACD，必须至少这两个指标中的任意一个指标形成攻击形态或助涨形态时，方可确认红蜘蛛形态的成立。但只有满足量价齐升买点的要求后，方可买入股票。

5.3 其他指标的辅助判断

5.3.1 辅助判断时的技术指标

在均线满足红蜘蛛形态的要求后，必须通过其他技术指标的辅助判断来确认红蜘蛛形态为强势状态时，才能证明红蜘蛛形态的最终成立，因为均线的红蜘蛛形态并不重要，重要的是这种红蜘蛛形态是否为强势的信号才是最关键的，所以其他任意一种技术指标的辅助判断，就是通过其他指标与均线的双指标共振强势，才能最终确认红蜘蛛形态的强势状态。因此，在进行辅助判断前，必须了解辅助判断时使用的具体技术指标。

辅助判断红蜘蛛的技术指标：

（1）BOLL。因为BOLL在股价突然大幅上涨时的表现较为明显，所以，在使用BOLL进行辅助判断红蜘蛛形态时，通常BOLL也会呈股价短期大幅上涨的攻击形态，如强势的开口形喇叭口，或渐变式的向上开口变开口形喇叭口。

如图5-7所示，江中药业（600750）中A区域形成均线的红蜘蛛形态期间，BOLL表现为明显的上轨极度向上、中轨上行、下轨极度向下的开口形喇叭口，为股价大幅上涨时的BOLL表现，所以即应确认为强势上攻的红蜘蛛形态，同时符合明显放量上涨的买点要求，应果断买入股票。

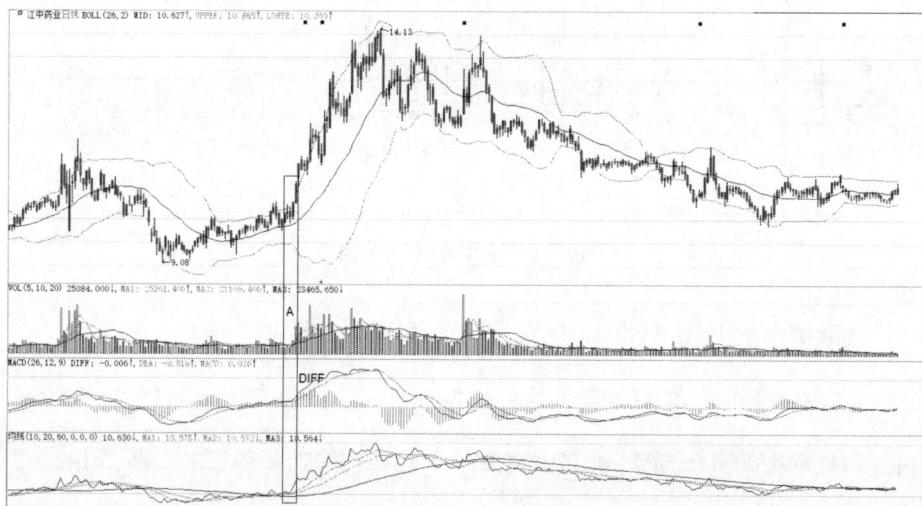

图5-7 江中药业-日线图（大智慧）

（2）MACD。辅助判断均线红蜘蛛形态时，主要根据MACD双线的状态，表现为MACD多头趋势形态，或是股价在长期弱势震荡期间表现为MACD突然快速上涨的强烈攻击信号时，MACD同样表现较为明显，为DIFF线突然向上翘起、大角度金叉或0轴附近的金叉三种形态。

如图5-8所示，重庆啤酒（600132）在A区域表现为均线的红蜘蛛形态期间，MACD表现为双线在0轴附近的金叉，而图5-7中A区域MACD表现为DIFF线突然向上翘起，符合MACD的助涨要求，只是图5-7中A区域表现为明显放量上涨的买点，而图5-8中A区域表现为阶梯式的温和放量上涨买点，均为符合买点要求，应果断买入股票。

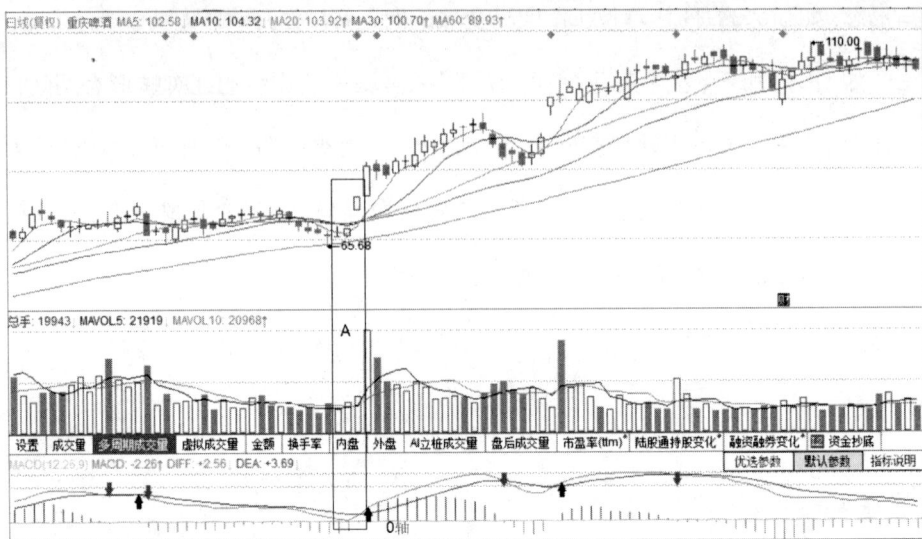

图5-8　重庆啤酒-日线图

实战指南：

（1）在使用辅助指标判断均线红蜘蛛形态前，一定要明白这种辅助判断不是对红蜘蛛形态的具体判断，而是对红蜘蛛形态是否为强势特征的判断，目的是进一步确保均线红蜘蛛强势攻击形态的有效性。

（2）利用辅助指标判断红蜘蛛形态的强势时，首先必须了解辅助判断时的技术指标为BOLL和MACD，并对这两种技术指标在事先进行充分的解除，这样才能明白股价在缓慢强势助涨和快速向上攻击时，都会形成哪种形态，使用时才能做到得心应手。

5.3.2　辅助判断时的技术攻击形态

在通过其他技术指标辅助判断均线红蜘蛛形态的强势状态时，其他指标的攻击形态一经出现，就说明均线强势的红蜘蛛形态得到其他技术指标短期强势的印证，所以，可以确保股价快速转强时向上强势攻击的技术特征，只要其间或其后符合量价齐升的买股要求后，即可果断买入股票。所以，其他技术指标的技术攻击形态的出现，是最终证明均线红蜘蛛形态为股票强势向上攻击的信号。

其他技术指标的攻击形态要求：

（1）BOLL开口形喇叭口或向上开口变开口形喇叭口。开口形喇叭口是布林线短期强势向上攻击的信号，但其中也存在开口形喇叭口的最强势状态，即上轨向上、下轨向下、中轨略上行或平行状态的开口形喇叭口期间，K线必须突破中轨，但当K线突破上轨或接近上轨时，表现为强势涨停阳线时，或是上轨向上与下轨向下的角度越大时，强势攻击特征更明显。

如图5-9所示，华创阳安（600155）在A区域形成均线的红蜘蛛形态期间，BOLL表现为波带小幅变宽的向上开口后的上轨与下轨突然大角度地向外扩张，即开口形喇叭口，为向上开口变开口形喇叭口的强势攻击形态，同时K线向上突破上轨，可以确认为强势上攻的红蜘蛛形态。

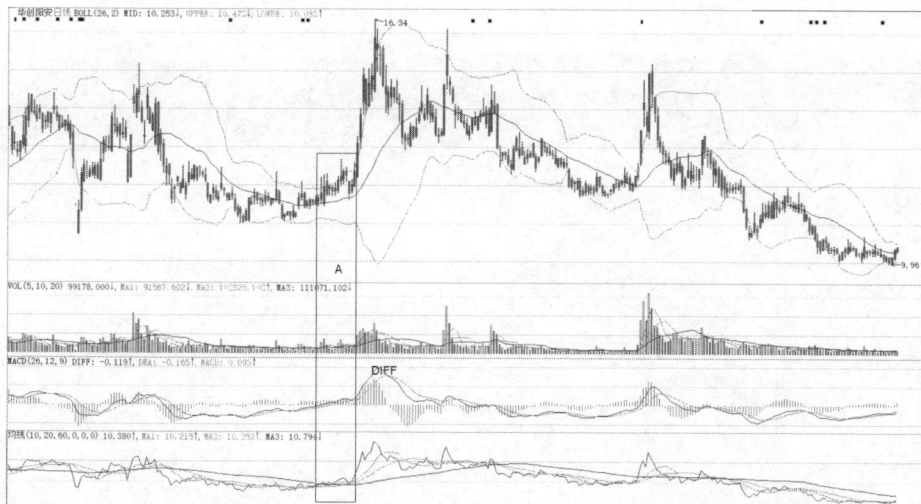

图5-9　华创阳安-日线图（大智慧）

而图5-10中A区域形成均线红蜘蛛形态期间，BOLL表现为波带极窄状态的上轨向上、下轨向下、中轨略上行的开口形喇叭口，同样为强势攻击形态，K线突破上轨为涨停阳线，应确认为强势上攻的红蜘蛛形态。且图5-9与图5-10中A区域均表现为明显的量价齐升，应果断重仓买入股票。

（2）DIFF线突然向上翘起或0轴附近的大角度金叉。DIFF线突然向上翘起是指双线在相距较近水平小幅震荡期间，DIFF线突然向上明显翘起的形态，是MACD在长期弱势震荡时期突然启动上涨时最为明显的突然强势攻击信号，往往其间也会形成明显的强势开口形喇叭口，或是长期弱势震荡期间出现K线黄金坑的短时下跌期间，MACD双线略向下震荡后突然出现的DIFF线以大角度上行的方式形成与DEA线在0轴附近的金叉，这种形态是仅次于DIFF线突然向上翘起的MACD强势攻击信号。

如图5-10所示，航天机电（600151）在A区域形成均线红蜘蛛形态时，MACD表现为DIFF线突然向上翘起的攻击形态，可以确认为具有强势上攻意愿的红蜘蛛形态，同时量价齐升明显，应果断买入股票。

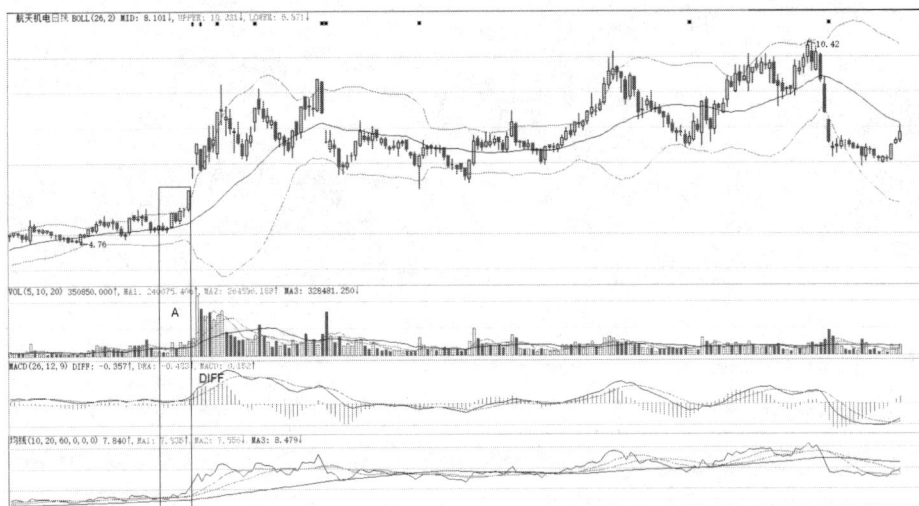

图5-10　航天机电-日线图（大智慧）

实战指南：

（1）在利用其他技术指标辅助判断均线红蜘蛛形态的强势时，其他技术指标的攻击形态是最为强势的一种印证，但强中仍然存在极强时的征兆，所以辅助判断其他指标的攻击信号时，这一点一定要注意。

（2）其他技术指标的强势攻击形态出现时，最常见的强势攻击形态为涨停突破上轨的BOLL开口形喇叭口和DIFF线突然向上翘起，其中K线越是接近或突破上轨的开口形喇叭口越强势，但无论哪种攻击信号出现，涨停阳线的出现，都能够表现为股价的短期超强状态，所以，量价齐升才是最后确认强势的买股时机。

（3）当MACD表现为0轴附近的大角度金叉，或是BOLL表现为向上开口变为开口形喇叭口时，往往是长期弱势类股票在启涨前突然出现黄金坑时的特征，这种技术形态同样属于强势攻击形态，只不过是主力在拉升股价前的最后洗盘。

5.3.3　辅助判断时的技术助涨形态

在利用其他技术指标辅助判断红蜘蛛形态为强势状态时，其他技术指标的助涨形态，虽然比攻击形态表现得略弱，但同样属于强势的技术特征，只不过强势的上涨未表现为短期的快速上涨而已。

因此，一旦其他指标表现为强势助涨形态时，同样可以证明均线红蜘蛛形态的强势，只有符合量价齐升的买股要求，同样应买入股票。

其他技术指标的助涨形态要求：

（1）MACD的助涨形态。主要表现为MACD双线在相距较近的水平小幅震荡期间，于0轴上方向上运行的多头形态，可表现为双线由0轴下向上突破后表现为双线上行，或双线是在0轴上调整时出现恢复双线上行的状态。

如图5-11所示，上海梅林（600073）中A区域形成均线红蜘蛛形态期间，MACD双线表现为在0轴上震荡后呈双线向上发散运行的多头形态；图5-12中A区域形成均线红蜘蛛形态期间，MACD表现为双线震荡中向上突破0轴呈持续上行的多头形态，均符合MACD的助涨要求，所以，图5-11和图5-12中A区域均可确认为强势上攻的均线红蜘蛛形态，同时量价齐升明显，应果断买入股票。

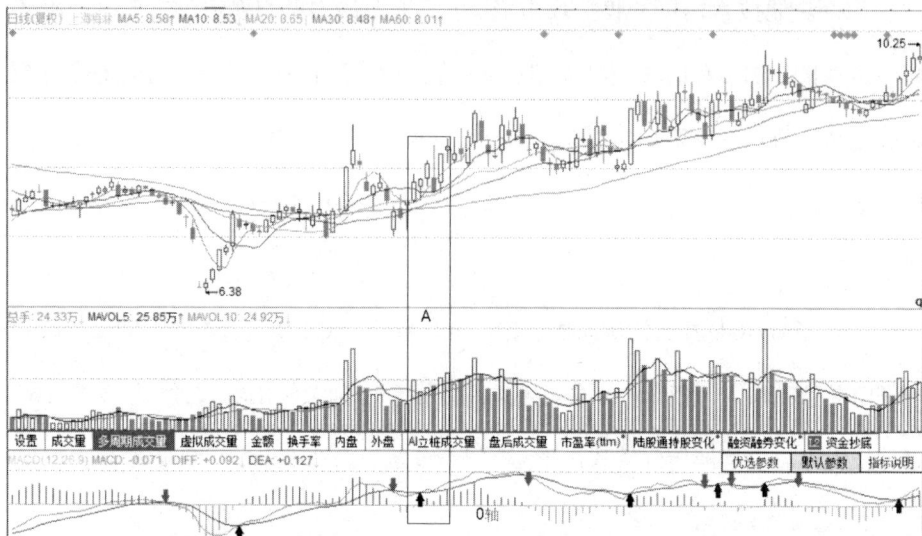

图5-11　上海梅林-日线图

（2）BOLL的助涨形态。主要表现为BOLL波带在水平小幅震荡期间，突然转为角度不大的震荡上行时，形成开口不大的向上开口，K线保持在中轨上或接近上轨的情况下，随着中轨上行时，方符合助涨要求。

如图5-12所示，新日恒力（600165）在A区域均线红蜘蛛形态期间，BOLL表现为波带在水平小幅震荡的情况下，出现上轨上行角度略大、中轨略上行、下轨下行角度略大的向上开口，符合BOLL助涨形态的要求，所以，可以确认A区域为强势上攻的均线红蜘蛛形态，同时量价齐升明显，应及时买入股票。

实战指南：

（1）在利用MACD的助涨形态辅助判断均线红蜘蛛形态的强势时，一定要留意双线相距较近的缓慢上行时，必须向上突破0轴时，方可证明强势。

（2）如果是利用BOLL的助涨形态辅助判断均线红蜘蛛形态的强势时，必须确保向上开口期间K线已向上突破中轨，并随中轨持续上行时，方可证明强势。

（3）在通过BOLL或MACD的助涨形态辅助判断均线红蜘蛛的强势时，无论是哪种情况出现，一旦在其间或其后出现K线的涨停阳线时，均证明红蜘蛛形态已快速变为加速上行的强势攻击，应重仓买入或加仓操作。

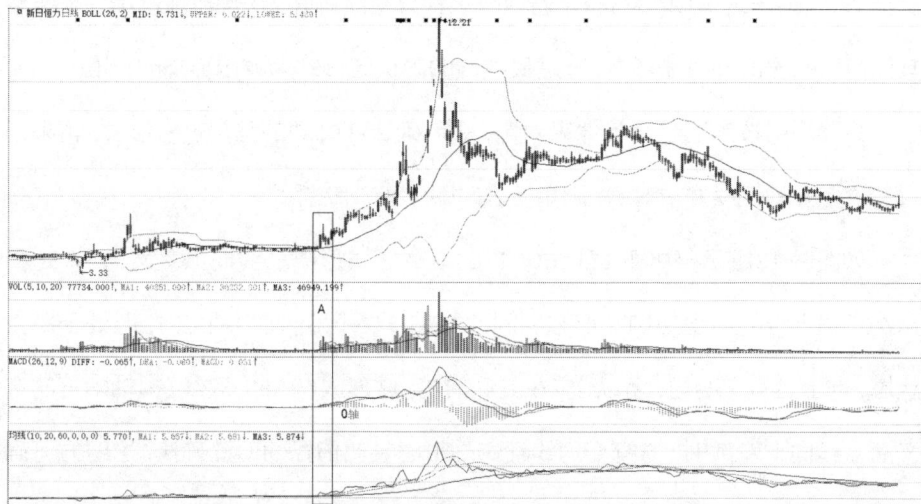

图5-12　新日恒力-日线图

5.4　实战要点

5.4.1　红蜘蛛得到助涨确认后方可确认为攻击形态

在利用蜘蛛战法判断红蜘蛛形态期间，一定要注意一个细节，就是红蜘蛛形态的判断不只是均线表现出来的多头排列初期，因为股价在弱势震荡期间的震荡走高时，同样会表现为均线的多头排列初期，其后会再次震荡转弱。

这是由弱势转强初期很难一蹴而就导致的，所以，在确认红蜘蛛形态时，不只是均线从形态上的确认，还要通过其他技术指标的辅助判断最终确认，以确保红蜘蛛形态为强势攻击形态。

确认红蜘蛛为攻击形态的要点：

在实战期间，一定要注意，判断红蜘蛛形态时是有三个条件的，其中的三线向上交叉与中长期均线平行或上行两个条件只是红蜘蛛的均线形态，第三个条件其他指标的攻击或助涨形态，才是最关键的确认红蜘蛛为攻击形态的标准。

只要严格按照这三个条件来对照，即可确认红蜘蛛的强势攻击形态，再来通过量价齐升的买股要求对照，满足要求时即应买入股票。

如图5-13所示，中国巨石（600176）在A区域形成三线向上交叉、MA30和MA60略上行的均线红蜘蛛形态期间，MACD双线虽然在0轴上方，但处于黏合状态，向上运行不明显，所以，应在其后的B区域形成MACD双线在0轴附近的金叉后双线向上发散时，方符合均线红蜘蛛形态其他指标的助涨确认，这时方可确认为强势上攻的红蜘蛛形态，且其间形成小幅放量的涨停阳线，应在涨停前及时买入股票。

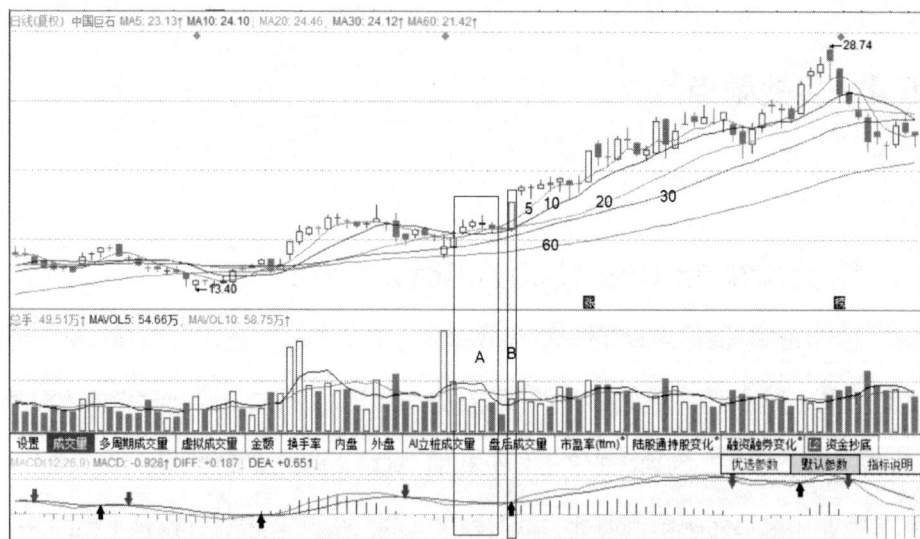

图5-13 中国巨石-日线图

实战指南：

（1）投资者在判断红蜘蛛形态时，一定要注意一个关键的细节，就是蜘蛛战法中的红蜘蛛形态，与市场上习惯使用的金蜘蛛等形态并不完全一样，因为红蜘蛛形态不仅仅是一种均线形态，也是必须通过其他指标的辅助判断，才能最终确认红蜘蛛形态为强势状态时，方可确认。

（2）在判断红蜘蛛形态期间，其他指标的辅助确认均线红蜘蛛形态的强势攻击时，投资者只要牢牢记住判断红蜘蛛形态的三个条件：一是三线向上交叉；二是中长期均线平行或上行；三是其他指标的攻击或助涨。三个条件同时满足时，才是具有技术强势攻击特征的红蜘蛛形态。否则就不能按照红蜘蛛形态来对待。

5.4.2　只有符合买点要求的红蜘蛛形态方可买入

投资者在根据蜘蛛战法实战期间，一定要明白一个道理，红蜘蛛形态虽然是通过两种指标的攻击形态初期的形态进行双指标共振向上的强势确认，但并不能只根据红蜘蛛形态来买入股票，因为最终决定技术指标强势能够如期展开的，还是成交量，所以，量价齐升才是买股的最佳时机，方可确认为交易的买点。

买点的具体要求：

首先，必须确认这只股票在选股基础上出现满足红蜘蛛形态的三个条件期间，量价表现为明显量价齐升时的四种情况中的任意一种时才会构成买点。这四种明显量价齐升的买点包括：明显放量上涨、持续阳量上涨、温和放量上涨、平量或缩量涨停。

如图5-14所示，东安动力（600178）在A区域形成三线向上交叉、中长期均线平行、MACD在0轴附近的金叉向上略发散的红蜘蛛形态期间，虽然量价表现为阶梯式的温和放量上涨，但由于当前的量能整体水平放大并不明显，所以，不可贸然买入，即便买入也应轻仓，待其后的B区域出现均线明显多头排列中的明显放量上涨买点时，方可重仓买入。

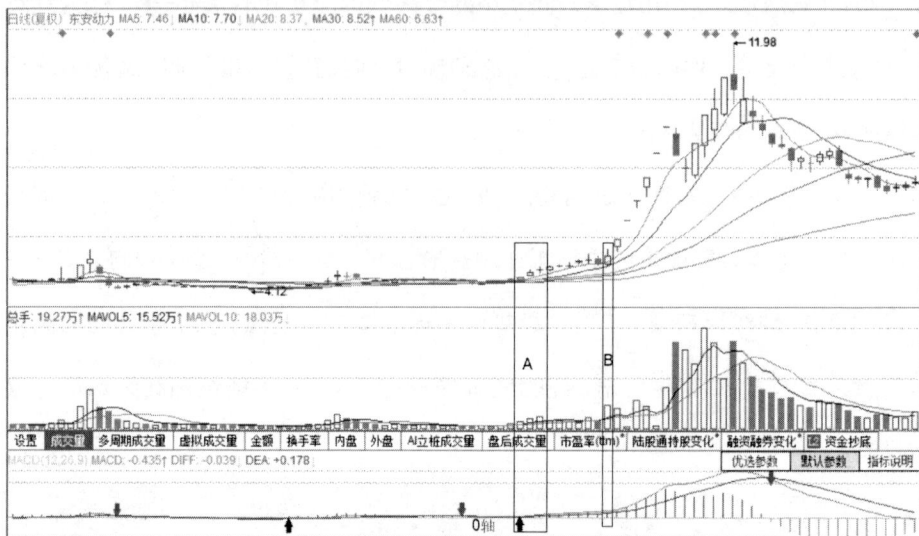

图5-14 东安动力-日线图

实战指南：

（1）投资者在根据蜘蛛战法中的红蜘蛛形态进行交易时，一定要明白，红蜘蛛形态只是两种技术指标共振向上的强势形态，并不能据此即买入股票，因为股价在由长期弱势转强时，必须得到成交量的配合，才能实现真正的转强。

（2）根据红蜘蛛形态交易股票时，必须在红蜘蛛形态期间，或随后形成明显的量价齐升突变时才会构成买点。

这种明显量价齐升不仅包括第6章6.2节内的四种量价齐升买点，还包括6.3节中两种量价齐升异动出现后，量价齐升发生明显变化时所构成的买点。

第 6 章

买股时机: 确认红蜘蛛为
牛股波段上攻的量价信号

买股时机, 就是在技术指标形成攻击征兆的红蜘蛛形态期间, 一旦出现明显的量价齐升突变, 意味着股价的弱势得到量能的支持, 从而确保量能对技术上涨形态的配合, 股价的趋势才会真正实现以量破价的短期强势, 此时再买股就能确保其后的股价如期表现为牛股的波段持续上攻。

但是要注意一点, 在实战期间, 买股时机的量价信号判断是与上一章的红蜘蛛形态同步进行的。

6.1 买股要求

6.1.1 形成红蜘蛛形态

投资者在根据蜘蛛战法买股实战期间，一定要遵守两个买股步骤和具体要求，其中第一个步骤就是要形成红蜘蛛形态，因为红蜘蛛形态是蜘蛛战法中买股的基础，是股价在转强初期的均线形成上涨波段开始时的征兆，也是买股时的首要条件。

因此，买股的第一个条件，就是目标股形成符合强势要求的红蜘蛛形态。

确认红蜘蛛形态的要点：

确认红蜘蛛形态时，必须满足三个条件：K线站上MA5的三线向上交叉，中长期均线平行或上行，其他指标的攻击或助涨。这三个条件缺一不可，一旦同时满足时，就要及时观察是否符合量价齐升买点的要求来确认买股时机。

如图6-1所示，国华网安（000004）在A区域，出现K线站上MA5的MA5、MA10、MA20、MA30四线向上交叉，为更强势的状态，同时MA60表现为略向上运行，MACD表现为双线在0轴附近的金叉后DIFF线突然向上翘起的攻击形态，这时可以确认红蜘蛛形态的成立，可再观察量价形态来确认买股时机。

观察后发现，在A区域期间，表现为明显放量的持续涨停阳线，符合明显放量上涨要求，应果断买入股票。

如图6-2所示，京基智农（000048）在A区域虽然满足均线的三线向上交叉和中长期均线平行或上行，即符合均线的红蜘蛛形态要求，但MACD却依然表现为双线黏合的震荡，双线向上发散的助涨未形成，因此，即便是A区域表现为持续阳量上涨，因为不符合红蜘蛛形态的要求，所以也是不允许买入的，只有其后的B区域形成突破震荡高点时的均线多头排列初期、MACD双线向上发散明显时的量价齐升，方可买入。

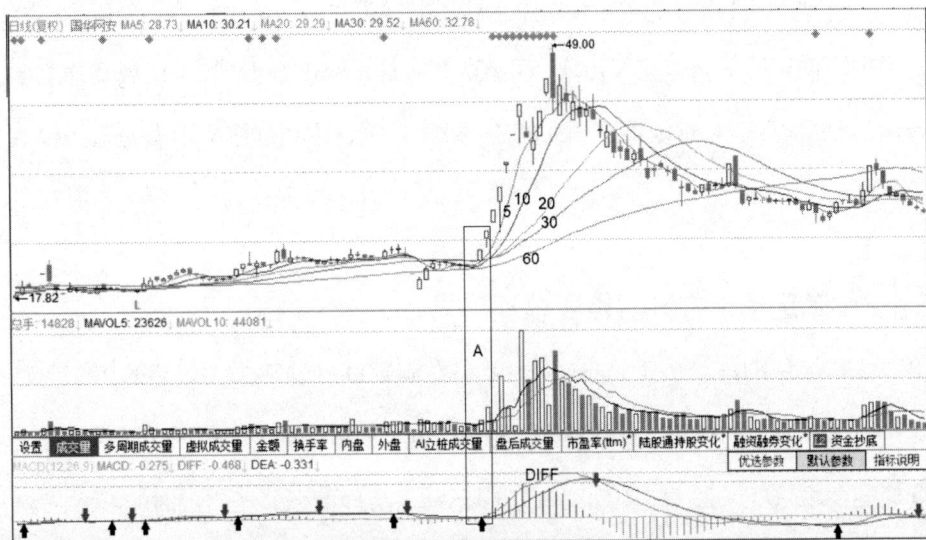

图6-1　国华网安-日线图

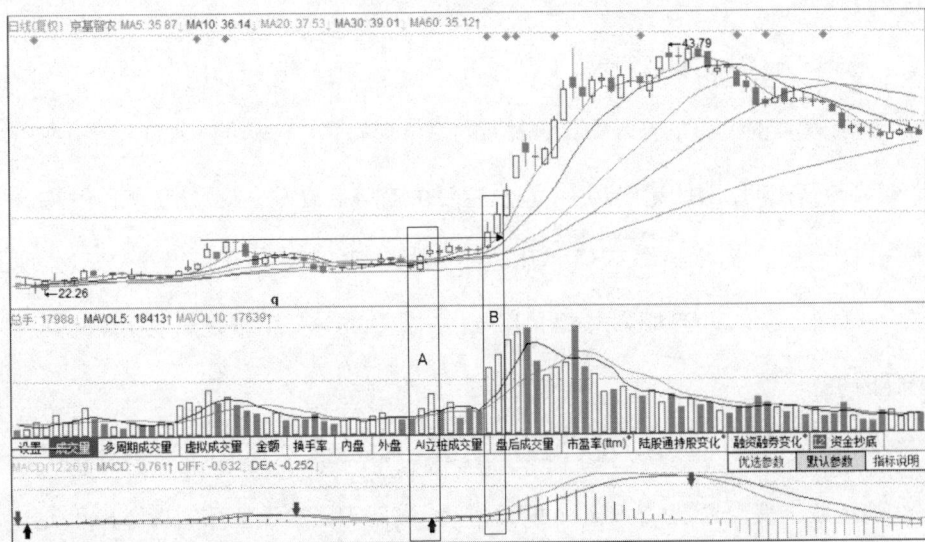

图6-2　京基智农-日线图

实战指南：

（1）红蜘蛛形态是蜘蛛战法中买股的基础，也是确认买股时机的前提，因为红蜘蛛形态是上涨波段开始时的征兆，所以，在判断红蜘蛛形态时，一定要严格按照选股要求选出目标股，并在持续观察和判断中确认是否形成红蜘蛛形态。

（2）在判断红蜘蛛形态时，一定不要只根据中长期均线平行或上行状态下的三条中短期均线在上方交叉出现，即确认红蜘蛛形态已经形成，不能忽略第三个条件：其他指标的攻击或助涨。因为这一条件是确认均线红蜘蛛形态为强势攻击的关键。

6.1.2　满足量价齐升买点要求

蜘蛛战法的第二个买股步骤，也就是在满足红蜘蛛形态要求后的第二个要求——量价齐升的买点。一旦满足，就说明买股的最佳时机到了，即可按照仓位管理的要求来买入股票。因为红蜘蛛形态只是两种指标共振向上时的技术强势特征，这种强势必须得到成交量的支持，才会出现以量破价的趋势由弱势向强势的反转。

量价齐升买点的具体要求：

构成买点时的量价齐升与其他时期的量价形态是不一样的，因为是股价在长期弱势转强初期，即低量震荡中，股价要想在趋势上转强，必须出现明显的量价齐升：明显放量上涨、持续阳量上涨、温和放量上涨、平量或缩量涨停。只要出现其中一种时，就证明红蜘蛛形态期间得到成交量的支持，所以是形成买点的买股最佳时机。

如图6-3所示，南玻A（000012）在A区域形成红蜘蛛形态期间，量价表现为K线的持续上涨，成交量为阳量的明显放量，满足明显放量上涨的量价齐升买点要求，应及时买入股票。

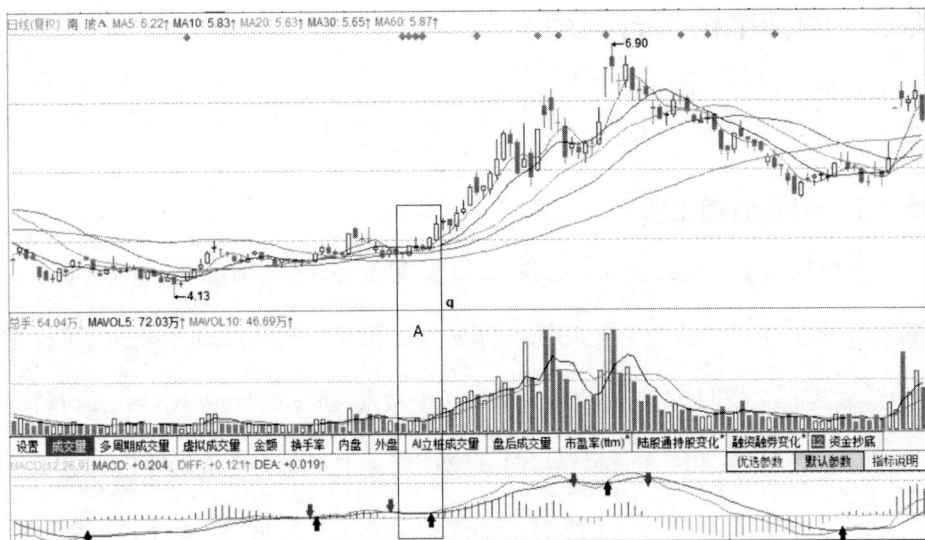

图6-3　南玻A-日线图

实战指南：

（1）量价齐升是红蜘蛛形态形成期间的一种量价表现，只有这种量价齐升状态明显出现变化时，才会形成以量破价的趋势反转向上，所以，明显的量价齐升是蜘蛛战法中买股时的第二个要求和步骤，也是买股时的终极要求。

（2）红蜘蛛形态期间的量价齐升，只有变化明显而又不出现放量不明显或放量过头时，才会构成最佳买股时机。因此，在判断量价齐升买点时，除了要准确判断出四种量价齐升买点的形态外，还要时刻提防两种量价齐升的异动买点。因为量价异动并不意味着就不能买，只不过要略微延后，只有其后达到买点的量价齐升要求时，方可买入。

6.2　四种量价齐升买点

6.2.1　明显放量上涨

明显放量上涨是红蜘蛛形态形成期间，量价齐升最为明显的一种以量破价的量价形态。因此，从理论上来讲，明显放量上涨是四类买点最为强烈的量价齐升状态，但在实战期间，明显放量上涨如果单独来判断，很容易得出结论，可若是与量价异动的巨量上涨在一起分辨时，很多初学者往往都难以准确地分辨出来。

因此，在判断明显放量上涨时，一定要认真看清明显放量上涨形成时的具体要点和要求。

形态要点：

明显放量上涨出现时，上涨即为K线的阳线上涨状态，明显放量则是成交量柱为阳量柱的情况下，要明显高于之前的量柱水平。

判断时，通常一根阳线和一根明显放量的阳量柱即可确认，但确认放量阳量柱为明显放量又未形成巨量时，明显放量的阳量柱最好不要在明显变长时高度超过成交量显示区内的中分线，否则只要阳线未表现为涨停或极强的上涨状态，就要轻仓参与，或待其后形成持续阳量上涨时再买入股票。

如图6-4所示，沙河股份（000014）在长期弱势震荡整理中，一旦进入A区域，形成三线向上交叉、中长期均线平行、辅助指标MACD为双线突破0轴后的持续上行的红蜘蛛形态期间，量价只表现为小阳量上涨，量能放大不明显，所以不可贸然买入股票。

而应在其后均线和MACD呈多头状态期间的B区域，股价持续上涨中，成交量先是小阳量小幅放大后，B区域内最右侧出现一根明显长于之前小阳量成倍的放大阳量柱，又未超过显示区的中分线时，即形成健康状态的明显放量上涨，再买入股票。

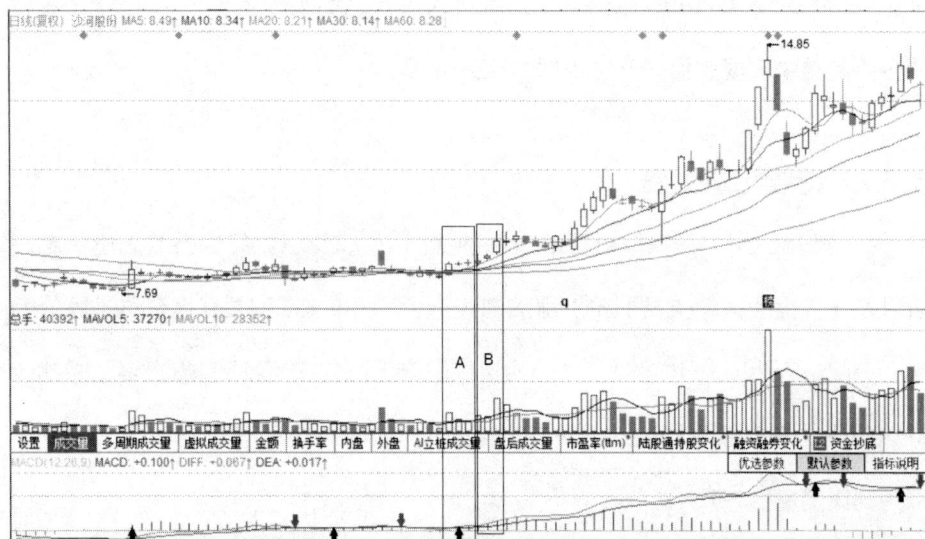

图6-4　沙河股份-日线图

实战指南：

（1）明显放量上涨是红蜘蛛形态形成期间一种最明显的量价齐升买点，只要确认阳线上涨的同时成交阳量柱较之前的量柱水平，表现为明显较长的状态，即可确认。

（2）判断明显放量上涨并不难，难在如何判断这种量价买点属于健康的放量状态，所以，常态下健康的明显放量上涨出现时的阳量柱不会超过成交量显示区的中分线，但这一点不是绝对的，因为在A股涨跌停板制度下，存在短时涨停的超强状态。

（3）一旦明显放量上涨期间，若是阳量柱放量略大时，只要股价未表现为短期极强状态，应迟一步待次日形成持续阳量上涨时再买入；但是若表现为缩量或平量涨停时，应果断在涨停前抢板买入。

（4）投资者在买入股票时，红蜘蛛形态只是一种技术转强的形态，是买股的基础，也是必要条件。但仅仅是满足红蜘蛛形态还不能买股，只有得到如明显放量上涨等量价齐升买点的要求时，方可买入股票，否则就应迟一步操作，在其后的多头趋势中形成量价齐升买点时再买入股票。

6.2.2 持续阳量上涨

持续阳量上涨，是在股价持续上涨的状态下，成交量始终保持着阳量状态，所以是一种量能持续支持股价上涨的健康量价齐升状态。但是在区分这种股价上涨时的阳量大小时，同样要留意，因为持续阳量上涨存在两种明显的形态，因此，持续阳量上涨虽然是稳健的量价齐升买点，但前提是必须有效确认持续阳量上涨为健康的量价齐升。

形态要点：

（1）大量状态的持续阳量上涨。这种情况经常出现，因为股价在底部上涨时经常会出现一根巨量阳量上涨，所以，判断的标准是最先出现的巨量上涨的明显放量上涨时，其后再次形成阳线上涨状态的大阳量，量柱水平较前一根巨量阳量柱或放量或略缩量均可，只要确保成交量柱在显示区中分线以上，保持着大量水平，即为健康的持续阳量上涨买点。因此，这种持续阳量上涨通常为两根阳线和大量状态的两根阳量柱。

如图6-5所示，东方盛虹（000301）在长期弱势震荡整理状态中，在进入A区域时，形成三线向上交叉、中长期均线略上行、辅助指标MACD为DIFF线突然向上翘起的红蜘蛛形态，同时K线表现为阳线持续上涨，成交量柱表现为一根明显较长的放量长阳量柱后，再次出现一根极长的放量长阳量柱，为两根大量状态的持续阳量上涨，符合量价齐升买点要求，因为A区域形成红蜘蛛形态时，辅助指

标MACD也形成DIFF线突然向上翘起的攻击形态, 且均线多头排列明显, 量价
齐升表现极强, 所以, 应果断重仓买入股票。

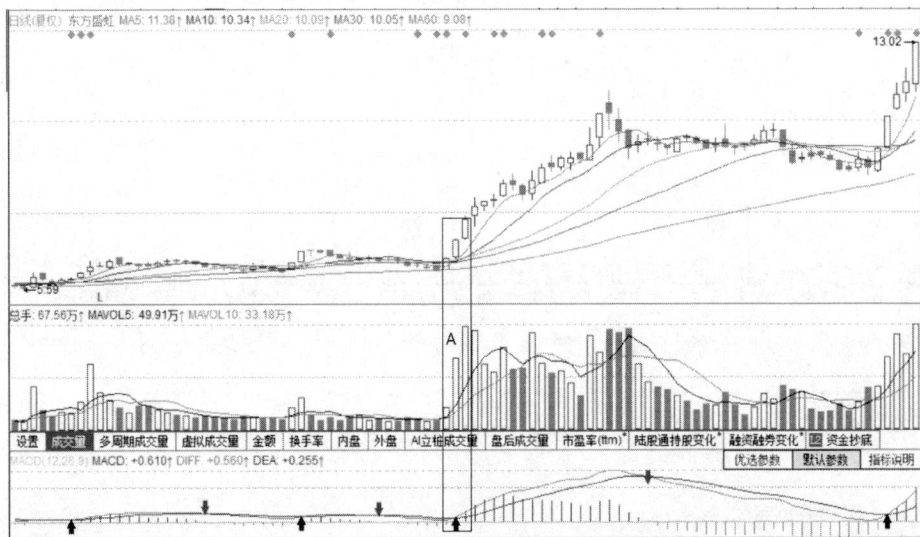

图6-5　东方盛虹-日线图

（2）小幅明显放量的持续阳量上涨。这种形态出现时, 同样必须至少为两根
阳线上涨和两根放量明显又不可过于接近前期低量水平的量柱水平, 两根阳量柱
在小幅明显较长的放量状态下, 或后一根阳量高于前一根, 或两根保持着相近水
平, 即为健康的持续阳量上涨买点。

如图6-6所示, 中国天楹（000035）在长期弱势震荡中, 进入A区域, 当形成
三线向上交叉、中长期均线略上行、辅助指标MACD为0轴附近金叉的红蜘蛛形
态期间, 成交量表现为一根小幅放量的阳量柱, 接着又出现一根略长的小幅放量
阳量柱, K线表现为持续阳量上涨, 为小幅明显放量的持续阳量上涨, 符合红蜘
蛛形态时的量价齐升买点要求, 应果断买入股票。

图6-6　中国天楹-日线图

实战指南：

（1）在根据持续阳量上涨判断买点时，一定要注意健康的持续阳量上涨包含两种不同的形态：一是大量状态的持续阳量上涨；二是小幅明显放量的持续阳量上涨。

（2）当持续阳量上涨表现为大量状态时，往往是第一根阳线和阳量表现为巨量上涨时，也就是应对明显放量上涨时出现阳量过大的一种策略，必须确保第二根阳量水平保持在前期量能水平的明显放量时，只要与第一根阳量保持在巨量放量状态，即可确认为健康的持续阳量上涨买点。

（3）若是持续阳量上涨表现为小幅明显放量上涨时，对这种小幅放量的判断，是指两根阳量柱未达到成交量显示区中分线，但与前期的低量水平比较，又出现明显放量，不管两根阳量柱是前长后短或是前短后长，只要保持与前期量柱比较为明显的放量状态，即可确认为健康的持续阳量上涨买点。

（4）如果在持续阳量上涨中表现为小幅放量上涨时，这种小幅放量不明显，阳量柱保持着前期的低量震荡水平，除非K线为涨停阳线，否则均应迟一步操作，只有其后量价齐升明显时，方可买入股票。

6.2.3　温和放量上涨

当红蜘蛛形态形成期间，如果出现量能放大不明显但又能够持续保持小幅放量状态时，即为温和放量上涨，这往往说明趋势在转强时较为缓慢，但又在持续转强，所以同样是一种量价齐升买点，只不过在判断温和放量时，一定要区分出温和放量上涨与小阳量上涨的区别，因为小阳量上涨是弱势震荡的结果，而温和放量上涨才是健康的量价齐升买点。

形态要点：

温和放量上涨出现时，应至少不低于三根K线和三根阳量柱，K线为阳线或阴线，但处于明显上涨状态，成交量必须为阳量柱，允许出现时为小阳量柱，但其后会呈现出逐级放量的状态，即后一根阳量略高于前一根阳量，为前低后高的阶梯式小幅放量状态，但必须确保最后一根阳量柱与前期低量水平的量柱比较，为明显放量的阳量柱时，方可确认为健康的缓慢上涨时的温和放量上涨买点。

温和放量上涨与小阳量上涨的区别在于：温和放量上涨中，阳量柱是阶梯式小幅放量状态；小阳量上涨中阳量为当前的低量水平，即始终保持小阳量，且呈现出长短不规则的状态，最后一根阳量并不会表现为明显放量。

如图6-7所示，光电股份（600184）在长期弱势震荡整理期间，进入A区域，形成三线向上交叉、中长期均线平行、辅助指标MACD为双线在0轴上方向上发散运行的红蜘蛛形态，其后均线多头排列初期明显，其间K线持续阳线在MA5上方向上运行，成交量柱表现为低量水平略高的放量，且持续出现三根阳量的小幅放量，呈阶梯式后一根高于前一根的状态，且A区域内最右侧的一根阳量柱与前期的低量水平比较，放量明显，所以为温和放量上涨形态，符合红蜘蛛形态期间的量价齐升买点要求，应果断买入股票。

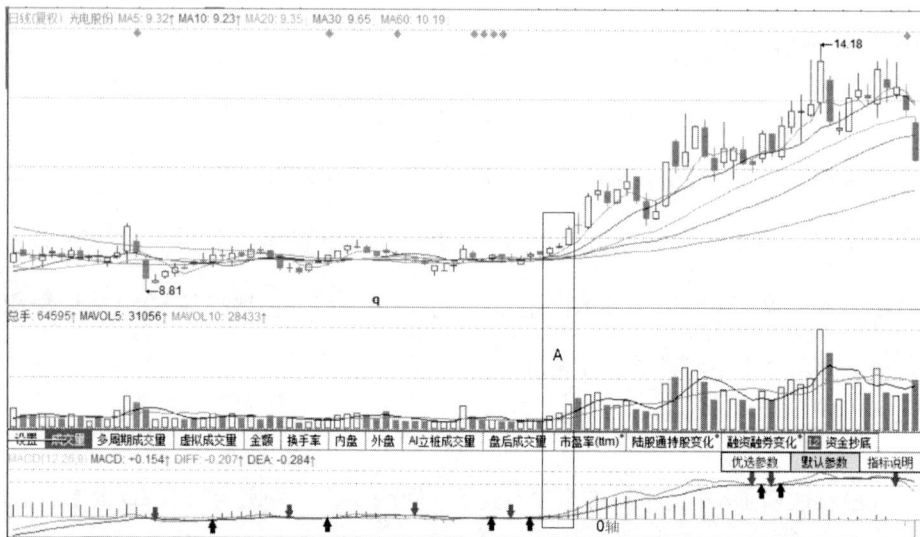

图6-7　光电股份-日线图

实战指南：

（1）温和放量上涨是在红蜘蛛形态形成期间，量价表现相对温和时的一种状态，但由于小幅放量上涨明显，所以同样是一种量价齐升买点。

（2）在区分温和放量上涨与小阳量上涨时，主要的方法如下：一是最后一根阳量在温和放量上涨中为明显高于低量水平的放量阳量柱，而小阳量上涨时的最后一根阳量柱未形成明显放量；二是温和放量上涨中阳量柱呈阶梯式逐级抬高的状态，而小阳量上涨中量柱只保持在相近的水平。

（3）在长期弱势震荡中出现红蜘蛛形态期间，小阳量上涨出现时，并非主力发动上涨的强势表现，而是主力依然在逢低吸筹阶段，所以，此时的K线上涨也往往不太明显，保持着小幅上涨状态，所以，这种情况下的红蜘蛛形态多是没有得到其他指标攻击或助涨确认的均线红蜘蛛形态，非强势状态下的红蜘蛛形态。

（4）如果在红蜘蛛形态时，无论是出现小阳量温和上涨期间，还是在温和放量上涨期间，一旦K线出现快速涨停，往往是加速上涨的征兆，应及时在涨停前买入。

6.2.4　平量或缩量涨停

当形成红蜘蛛形态期间，一旦成交阳量表现为平量或缩量状态下，若是股价出现光头阳线或一字涨停，甚至是T形线涨停时，虽然从日线图上看放量不明显，但实际上在分时图上会表现为在一个交易日内，量价均集中在某一极短时间内的爆发式放量上涨，所以属于股价快速强势启动的最强买点。

形态要点：

平量是指当前的阳量柱与之前的量柱长短相近，缩量是指成交阳量与之前的量柱水平相比处于相对较短的水平，涨停是股价当日的快速涨停。但由于涨停后是无法买入成交的，所以，对于这类日线图的形态，应及时根据当时红蜘蛛形态的形成初期，通过分时图来及时把握住股价快速冲击涨停的形态。

判断提前买入时机时，主要观察分时图上股价在小幅低开或高开、平开的情况下，出现区间放量的股价线大角度以直线的方式上行的涨停波，即应果断在涨停前买入。但如果是一字涨停板或T形涨停板时，只要发现下一个交易日涨停板打开后未巨量下跌，同样应及时买入。

如图6-8所示，德赛电池（000049）在长期弱势震荡整理期间，进入A区域后，形成三线向上交叉、中长期均线略上行、其他指标MACD突然向上翘起的攻击形态的红蜘蛛形态，K线呈持续上涨状态，其间最右侧的阳线为光头光脚涨停阳线，成交量柱表现为小幅缩量的阳量，为缩量涨停阳线，符合红蜘蛛形态期间的量价齐升买点要求，应果断买入股票。

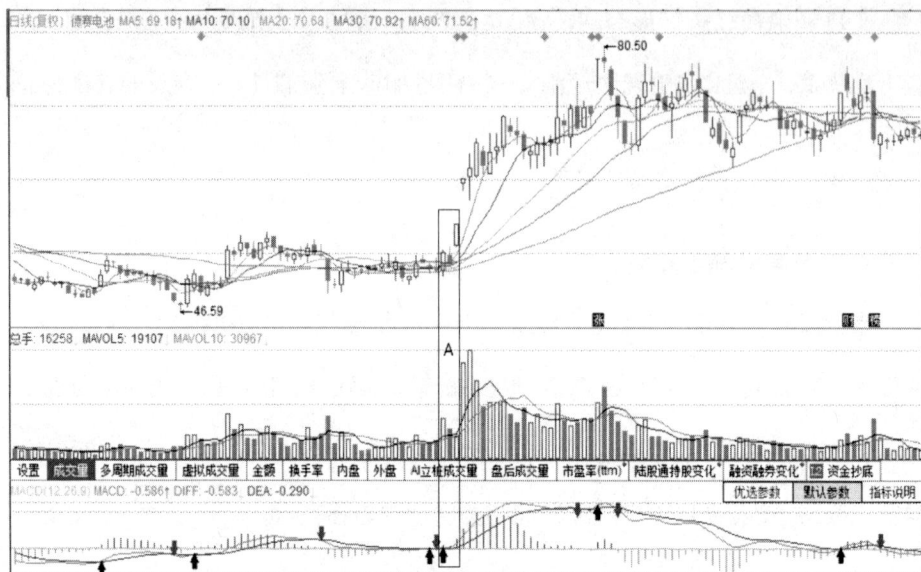

图6-8　德赛电池-日线图

因为当日股票涨停，无法成交，所以，在判断买入时机时，应在A区域内左侧前两根K线呈上涨状态时，及时观察最右侧一根K线当日的分时图，以确认买入时机。

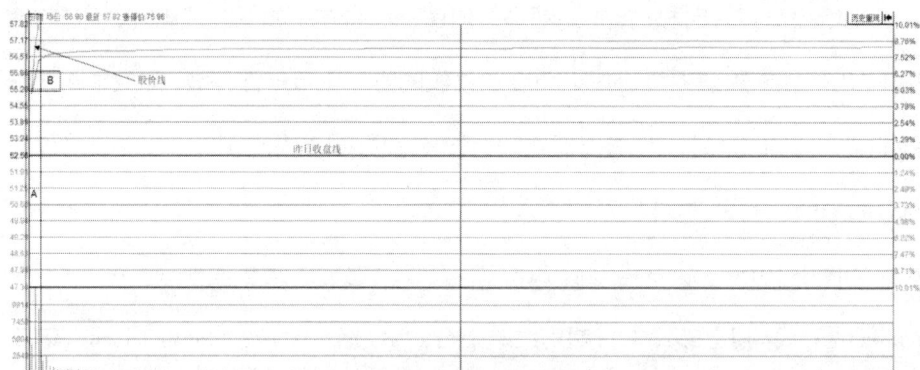

图6-9　德赛电池-2020年12月23日分时图

图6-9所示为德赛电池2020年12月23日分时图，当日股价线明显在昨日收盘线上方较远的位置出现，即大幅高开在5%左右的情况下，股价线出现大角度的直

线上行，区间放量明显，应在B区域，即大幅高开后快速上行时，果断买入股票。

如果错过最佳的买入时机，也应在当日早盘封涨停前，果断重仓买入股票，因为这种抢板操作，是有图6-8中选股基础上的红蜘蛛形态判断和量价齐升作为基础的，所以图6-9中的抢板操作，抢的是弱势股加速启涨的时机，而非通常短线操作时的抢涨停板操作，所以，涨停前的抢板买入是安全的，应当重仓买入。

实战指南：

（1）平量或缩量涨停是红蜘蛛形态期间最为强势的一种加速上涨的量价齐升买点，操作时只通过日线图观察是无法完成买入的，因为股价在涨停期间是难以买入成功的，所以，这种操作类似于短线抢板的操作。

（2）为了不错过平量或缩量涨停的最强势买股时机，要求投资者在对目标股的持续观察中，一旦发现红蜘蛛形态正在形成期间，就要每日通过看盘来观察分时图上的变化，只要发现区间放量的涨停波，即应在股价快速上涨中涨幅较大甚至是即将涨停前买入，而不要过早买入，以防是快速冲高回落的震荡。

（3）通常这种平量或缩量涨停会出现在开盘后30分钟左右的早盘，也可能出现在上午盘中和上午收盘前，甚至是午后开盘或盘中，但通常出现在尾盘时要小心，因为尾盘的涨停往往是主力强势震仓的表现。

6.3　量价齐升异动买点

6.3.1　巨量上涨：量能过大易回落

当红蜘蛛形态形成期间，一定要留意巨量上涨的量价异动，因为如果只是从量价形态来看，巨量上涨基本上是符合明显放量上涨中的单根阳线上涨时的单根量柱明显放大状态的，并且股价在底部启涨时也经常会出现巨量上涨，只是由于量能过大，所以，其后极易出现短期回落。但这并不意味着其后就不能买入股票，只是买入时必须按照要求，达到时即可买入，达不到时就要继续观望。

巨量上涨形态要求及应对策略：

（1）形态要求：巨量上涨出现时，K线为明显阳线上涨，成交量柱为一根超出成交量显示区域中分线，或是接近顶部，甚至达到顶部。

如图6-10所示，华侨城A（000069）在长期弱势震荡中，进入A区域，形成三线向上交叉、中长期均线平行、辅助指标MACD突破0轴后持续上行的红蜘蛛形态，其间K线阳线上涨，成交量表现为一根明显高出成交量显示区中分线的巨量阳量柱，为巨量上涨形态。这时一定要引起注意，不可贸然买入。

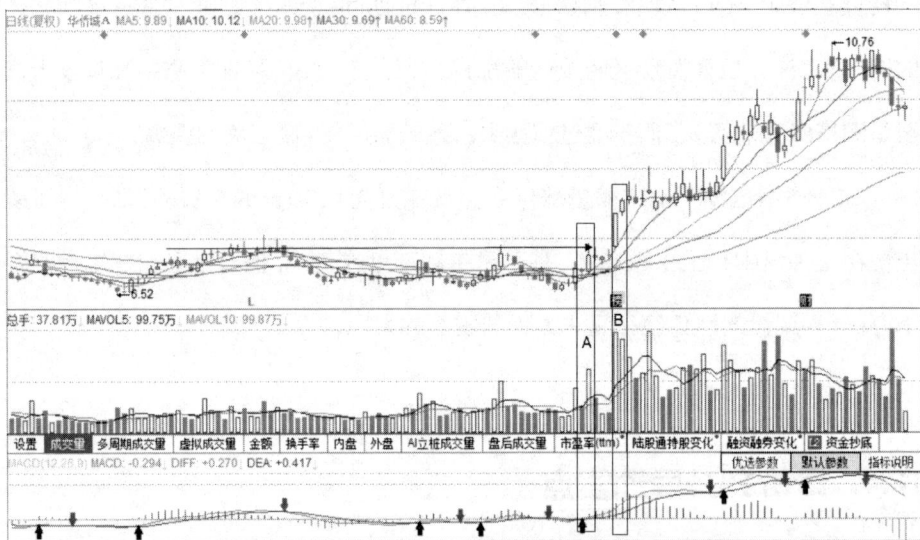

图6-10　华侨城A-日线图

（2）应对策略：当巨量上涨后能够保持持续大量时，即达到持续大量状态的阳量上涨时，可及时买入股票；若是在巨量上涨后，股价量缩中回落明显，则不可贸然买入，或是出现巨量洗盘，则应在结束震荡洗盘后，不管是否再次形成红蜘蛛形态，只要形成均线多头排列，同时另一指标达到攻击或助涨要求，满足四种量价齐升买点中的任意一种形态要求时，即可买入股票，否则就应放弃买入，持续观察。

如图6-10中A区域出现红蜘蛛形态期间的巨量上涨时，应迟一步再操作，在其后的观察中，发现B区域内右侧再次出现一根到达显示区间顶部的天量阳量上涨，所以仍然应慢一步再操作，只有发现B区域内右侧再次形成巨量上涨，与之前的巨量上涨形成大量状态的持续阳量上涨时，方可买入股票。

同样，航天电器（002025）在长期弱势震荡中进入A区域后（见图6-11），形成三线向上交叉、中长期均线平行、辅助指标MACD在0轴上向上运行的红蜘蛛形态期间，虽然表现为持续阳量上涨，但属于当前弱势震荡期间的低量水平，不符合量价齐升买点要求，不应买入股票。

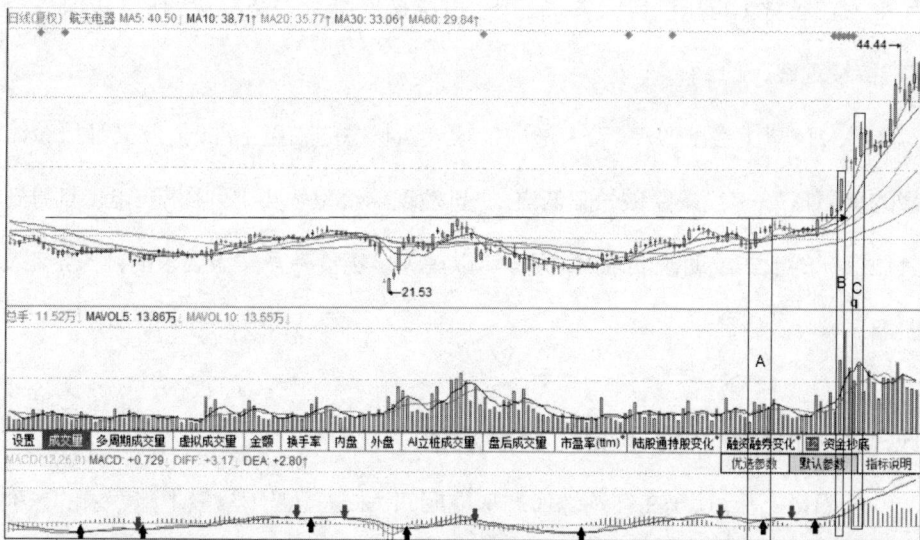

图6-11　航天电器-日线图

但其后的B区域，均线多头排列中MACD形成明显的上方DIFF线突然向上翘起的双线向上发散的多头趋势时，出现一根天量阳量的上涨，而这一巨量上涨是突破前期震荡高点区域后的上涨，所以买入应慢一步操作，只有其后巨量下跌式快速洗盘结束后的C区域，均线与MACD表现为多头趋势时，量价表现为持续阳量上涨时，方是买入的最佳时机。

实战指南：

（1）巨量上涨属于量价齐升的异动，也就是量能过大的过头反应，尤其是形成阳量柱到达成交量显示区顶部的天量上涨，往往说明主力发动上涨时引发众多跟风资金的介入，股价上行压力过大，所以，导致主力的反手做空，继续通过弱势震荡来化解压力，以求以时间去换取空间。

（2）如果巨量上涨出现前的弱势震荡整理时间较短，巨量上涨则是主力的向上试盘和借机震仓行为，此时往往意味着红蜘蛛形态的失败，即便当日K线为一根涨停长阳线，哪怕是收盘封死涨停，其后快速转跌的概率也极高，并不能排除主力在感觉上行压力巨大的情况下，再次探底继续弱势洗盘，所以应保持冷静，持续观察。

（3）巨量上涨出现后，若未形成持续大量状态的阳量上涨时，但又维持着缩量的小幅震荡，K线未跌破长阳低点，一旦发现均线呈多头排列初期形态，且得到其他指标的攻击或助涨要求时，同样可以在满足量价齐升买点要求时，果断买入股票。

6.3.2　小阳量上涨：量能不足难走强

小阳量上涨，属于在红蜘蛛形态形成期间，未达到温和放量上涨要求的一种量价齐升不明显的买点，与巨量上涨时的情况刚好相反，为股价转强初期量能不济的表现。所以在此期间是不能买入股票的，但这也并不一定就意味着要放弃，必须保持冷静，仔细观察后，方可决定是否可以操作。

小阳量上涨的形态要求及应对策略：

（1）形态要求：小阳量上涨形成时，K线为数根实体相对较短的阳线或阴线，或十字星，成交量为保持当前低量水平的小阳量，阳量柱往往参差不齐，未达到前低后高持续阶梯式放量、最后一根阳线明显放量的温和放量上涨要求。

如图6-12所示，徐工机械（000425）在A区域和B区域，虽然看起来后一根阳量柱略高于前一根阳量柱，但整体放量不明显，依然保持着弱势整理期间的低量水平，所以，A区域和B区域K线阳线上涨时的持续阳量状态，均为小阳量上涨形态。

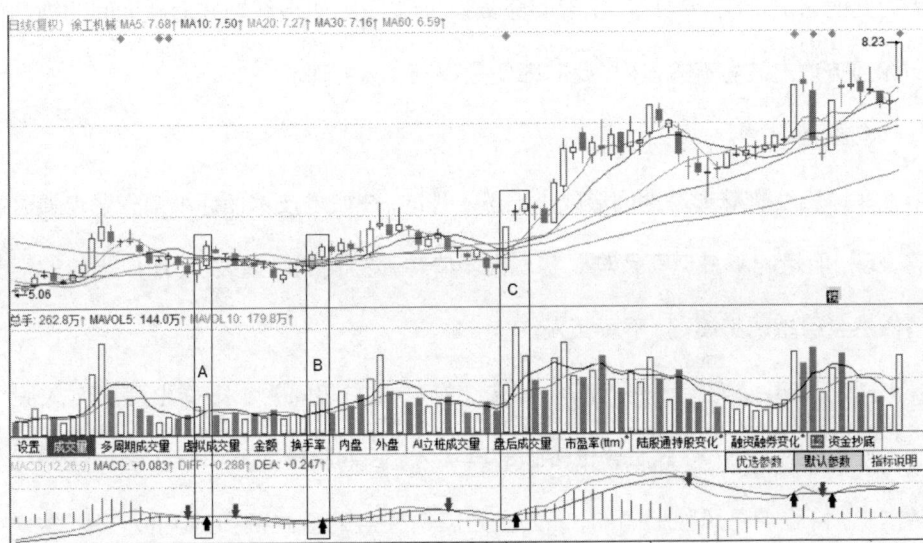

图6-12　徐工机械-日线图

（2）应对策略：当红蜘蛛形态期间出现小阳量上涨时，应保持冷静，在持续观察中，不管是否再次形成红蜘蛛形态，只要是均线呈多头排列，满足其他指标的攻击或助涨要求，同时满足四种量价齐升买点中的任意一种时，即应买入股票。否则，就应持续保持观察。

图6-12中B区域形成三线向上交叉、中长期均线平行、辅助指标MACD0轴

附近的金叉后双线略上行的红蜘蛛形态期间，由于量价表现为小阳量上涨，所以应采取保持冷静、持币观望的策略，不可贸然买入，哪怕是轻仓买入也不允许，因为这种小阳量上涨的出现，只能证明当前的股价依然为弱势震荡，只不过出现震荡走高。

只有通过观察，在其后的C区域，当均线缠绕中再次形成四线向上交叉、长期均线向上运行的明显均线多头初期、MACD再次出现0轴附近的金叉后双线明显在0轴上向上发散运行的红蜘蛛形态期间，K线阳线上涨明显、成交阳量明显放大后能够持续保持大量状态的持续阳量上涨的量价齐升买点时，方可买入股票。因为此时方可证明趋势已经出现明显转强，所以，即便是红蜘蛛形态期间的辅助指标强势攻击信号不够强烈，此时即便是重仓买入亦可。

实战指南：

（1）当红蜘蛛形态期间形成小阳量上涨时，往往是技术指标小幅震荡走强时的表现，但量能不济又导致难以实现由弱势转强初期的以量破价，所以当前的行情依然会保持弱势震荡，不可买入。

（2）如果投资者因为判断失误在红蜘蛛形态期间的小阳量上涨时买入股票，则应及时卖出，待其后真正转强时再买入，因为股价如果不出现趋势性的反转向上，持股均是风险极高的，因为主力震仓洗盘的方式很多，若主力是以继续走低后的弱势震荡来洗盘，则会形成长期的持续亏损。

（3）区分小阳量上涨与温和放量上涨，一是从K线上观察，因为小阳量上涨中的K线上行往往不明显，而温和放量上涨中的K线上行明显。但这一点不是唯一的标准，所以必须结合量柱的情况进行判断，即小阳量上涨中的最后一根阳量柱与前期的量柱比较，未达到明显放量的要求，且在小阳量上涨中，小阳量的长短未形成持续的小幅放量，表现为小阳量柱的参差不齐。

6.4　实战要点

6.4.1　符合红蜘蛛形态时方可根据量价判断买点

在通过蜘蛛战法买股时，量价齐升虽然是判断趋势反转变强时的重要依据，但不是唯一依据，因为即便是量价齐升明显，如果技术指标不支撑股价的持续上涨，上涨波段也是无法如期展开的，这也就意味着此时的买入是难以确保强势持续的。所以，量价齐升买点形成期间，必须达到红蜘蛛形态的要求时，方为买股时机。

在判断买股时机时，可以分为两个步骤：

一是技术指标达到红蜘蛛形态的要求，包括均线的红蜘蛛形态，以及其他指标的攻击或助涨确认，完全符合判断红蜘蛛形态的三个条件后，方为强势的红蜘蛛形态。

二是红蜘蛛形态形成期间，量价表现为明显的量价齐升，即四种量价齐升买点中，必须符合其中任意一种的要求时。同时满足这两个步骤的要求后，才是最佳的买股时机。

如图6-13所示，晨鸣纸业（000488）在长期弱势震荡期间，进入A区域后，形成中短期均线的四线向上交叉、长期均线略上行、MACD在0轴附近的金叉后，双线在0轴上方小幅向上发散运行，符合红蜘蛛形态的要求，这时即可观察量价来确认是否形成买股时机。

例如，在A区域内右侧的三根阳线表现为持续阳线上涨，成交量为阳量持续高于低量水平的状态，即达到持续阳量上涨的量价齐升买点要求，所以应及时买入股票。

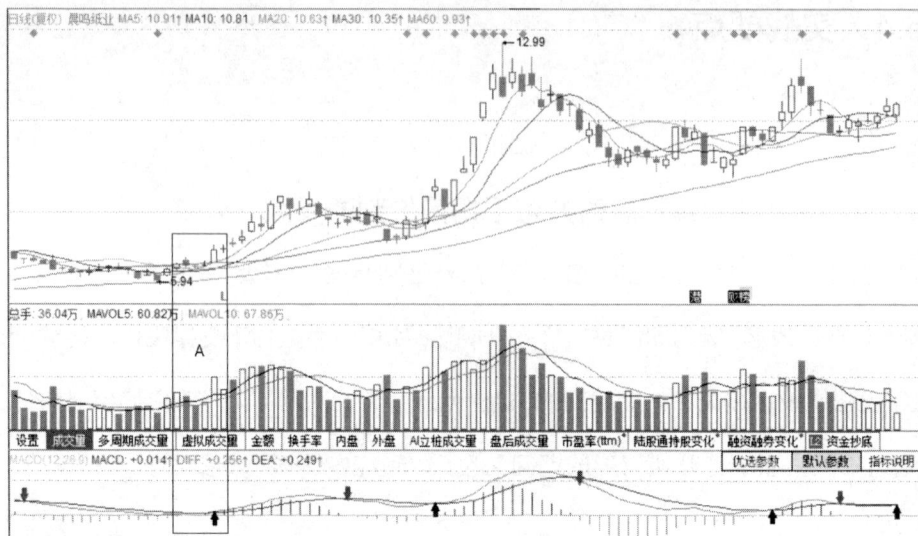

图6-13　晨鸣纸业-日线图

实战指南：

（1）在蜘蛛战法实战期间把握买股时机阶段，一定要在目标股完全满足红蜘蛛形态的三个条件后，再满足四种量价齐升买点中的任意一种情况的要求时，方可买入股票。

（2）投资者在根据蜘蛛战法中的量价齐升判断买股时机时，虽然在判断买股时机时共有先后两个步骤，但这一点只限于处在学习阶段的投资者，为了学习方便而设定的，真正在实战期间，这两个步骤不可过于划清界限式的分割开来，应同步进行分析和判断，否则难以在第一时间判断并把握住最佳的买股时机。

6.4.2　巨量上涨时要迟一步操作

在根据蜘蛛战法实战判断买股时机时，一定要留意一种巨量上涨的量价形态，因为虽然巨量上涨看起来是符合量价齐升要求的，并且股价在底部启涨时经常出现巨量上涨，看起来似乎是在以量破价，但由于量过大，所以在买股时一定要迟一步再买入，因为量过大容易导致其后股价的回落震荡。

巨量上涨形态要点及操作策略：

巨量上涨出现时，K线为一根明显的中阳线以上的阳线，起码成交量的高度要超过显示区的中分线，明显大幅高于弱势时的低量水平，甚至达到显示区的顶部，形成天量时，更是要谨慎。巨量上涨出现后的下一交易日，若是出现持续的巨量上涨时，可以果断买入。但若是其后弱势震荡中变弱，则应在均线再次多头排列、其他指标攻击或助涨时，形成四种量价齐升买点中的任意一种时，方可买入股票。否则就应放弃操作。

如图6-14所示，泸州老窖（000568）在长期弱势震荡中，股价虽然表现为略强势的震荡，但依然属于幅度不大的弱势震荡整理，进入A区域时，形成三线向上交叉、中长期均线略上行、辅助指标MACD为0轴上方的0轴附近金叉后右线略向上发散的红蜘蛛形态，但在A区域内最右侧K线明显放量上涨时，虽然K线为一根光头光脚阳线的上涨，但成交量表现为一根向上到达成交量显示区顶部的天量上涨，即巨量上涨最为极端的情况，所以应采取迟一步操作的策略，只有在其后的下一个交易日的B区域，K线再次表现为阳线上涨时，成交阳量依然保持着与A区域的天量阳量相近的巨量上涨，均线多头排列明显、MACD双线在0轴上向上发散运行明显时，再买入股票。

实战指南：

（1）巨量上涨从量价形态上观察，属于明显放量上涨形态的放大版，为股价启涨时量能过大的表现。由于主力在发动上涨时，若是短线跟风资金过多，就会出现这种情况，所以才会导致其后因短线资金的卖出而引发的震荡回落，应迟一步买入。

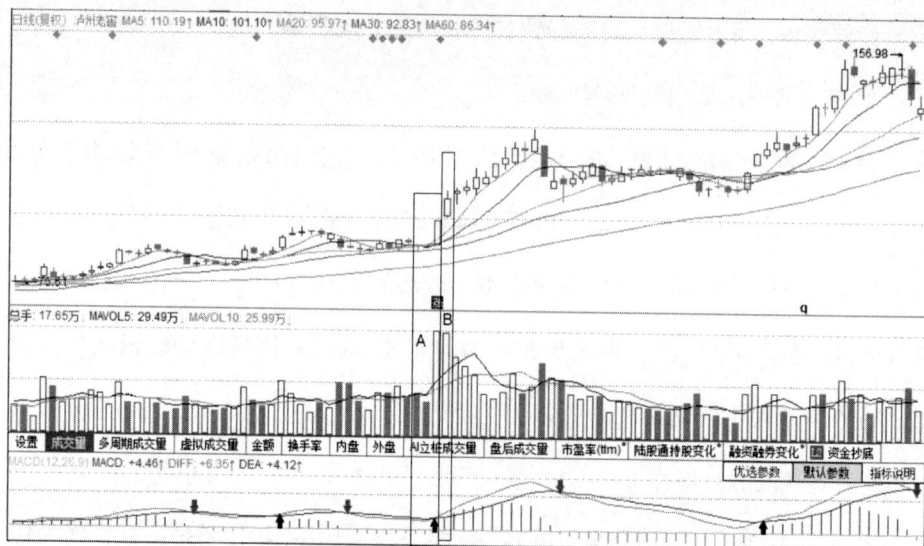

图6-14 泸州老窖—日线图

（2）红蜘蛛形态期间出现巨量上涨时，只有次日同样表现为巨量上涨时，方可确认为持续阳量上涨的买点，否则就应放弃。

（3）如果在巨量上涨后股价震荡的时间略长时，只有形成均线多头排列初期、其他指标达到攻击或助涨要求，不管是否再次形成红蜘蛛形态，均可买入股票。否则就应始终保持观望。

6.4.3 小阳量上涨多为股价的震荡走强

如果在红蜘蛛形态形成期间，出现小阳量上涨，则多数说明当前为股价的震荡走强，即便此时红蜘蛛形态满足形态的三个条件，也属于其他指标的助涨形态较弱的表现，所以同样不可贸然买入，甚至是初期轻仓建仓，只有其后量价齐升明显时方可买入股票。

小阳量上涨形态要点及操作策略：

小阳量上涨出现时，K线多数表现为小阳线、小阴线或十字星的震荡上涨，成交量处于当前弱势时的低量水平，或者会表现为单根小阳量柱不规则的略长或略短。一旦红蜘蛛形态期间出现小阳量上涨，则多数是其他指标的助涨形态刚刚形成强势时，如MACD双线刚刚突破0轴，且双线相距较近，即向上发散不明显。

因此，只有其后形成明显均线多头排列、其他技术指标表现为助涨或攻击形态，符合量价齐升买点要求时，方可买入股票，否则就应始终保持观望。

如图6-15所示，长虹美菱（000521）在长期弱势震荡整理状态下，进入A区域后，形成三线向上交叉、中长期均线平行、辅助指标MACD在0轴附近的金叉后双线在0轴上方小幅上行的红蜘蛛形态，但量价表现为低量水平的小阳量状态下的K线震荡上涨，为小阳量上涨，这种情况大多表明当前只是股价在弱势震荡中的短时震荡走强行为，所以，不可贸然买入股票，哪怕是轻仓、建仓也不允许。

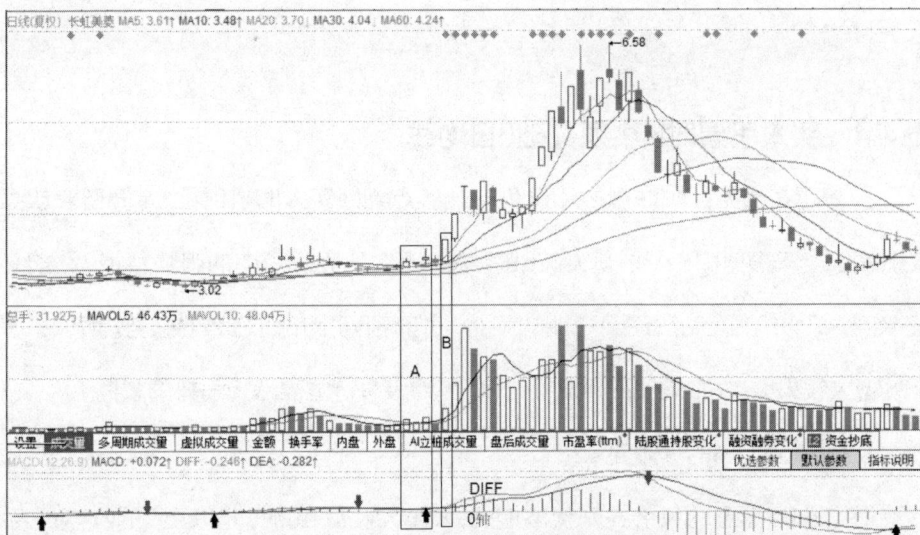

图6-15　长虹美菱-日线图

只有其后的B区域，均线呈现多头排列初期、MACD表现为DIFF线的突然向上翘起时，量价表现为小幅放量涨停时，方可抢板操作，即根据当日分时图的强势特征，在涨停前果断买入股票。

实战指南：

（1）当红蜘蛛形态形成期间，因为小阳量上涨与温和放量上涨时的形态类似，所以，一定要准确区分出两种量价形态的不同，以免错失行情或买错股票。

（2）小阳量上涨因为是股价突然变强时量能过小，所以是难以以量破价的，因此，除非是小阳量上涨中出现股价的涨停，或是其他表现为两种技术指标的上涨状态时，符合量价买点要求时，方可买入，否则就应持续观察。

（3）红蜘蛛形态期间的小阳量上涨形成时，往往是趋势转强初期表现相对迟缓的情况。所以，其后多数股价会表现为相对缓慢的上涨趋势，除非是其间形成平量或缩量涨停，否则上涨趋势的形成是缓慢的。但不能排除股价继续震荡的表现，所以，只要不表现为短期或持续的技术指标多头趋势和明显量价齐升，是不允许买入的。

6.4.4　买入股票时K线须突破5日均线

投资者在根据红蜘蛛形态和量价齐升买点判断买入时机时，一定要留意K线的一种强势表现，即K线必须突破5日均线，因为从股价短期的强势特征看，K线不突破5日均线，就无法证明短期的强势，进而预判出长期趋势的强势。所以，一旦出现K线未突破5日均线时就要小心了，因为极有可能依然为弱势的震荡。

K线突破MA5的具体要求：

在红蜘蛛形态的量价齐升状态期间，K线突破MA5时，是以K线的收盘价为准的，即当日收盘必须在MA5之上，且K线为阳线，也就是阳线实体的上沿必须是在MA5的上方时，方可买入股票。

如图6-16所示，紫光学大（000526）在长期弱势震荡期间，进入A区域后，形成中短期均线的四线向上交叉、长期均线小幅上行、辅助指标MACD在0轴附近的金叉后的DIFF线突然向上翘起的攻击形态，且K线在持续阳线上涨时，A区域内右侧的两根阳线明显是持续收盘于各均线之上，自然位于MA5的上方，呈向上运行状态，成交量表现为持续明显放量，符合持续放量上涨的量价齐升买点要求，因为A区域内右侧的两根阳线为光头涨停阳线，所以应及时在A区域中间一根阳线涨停前重仓买入股票，因为这根阳线实体明显超过各均线，收盘时必然是K线在MA5的上方向上运行的状态。

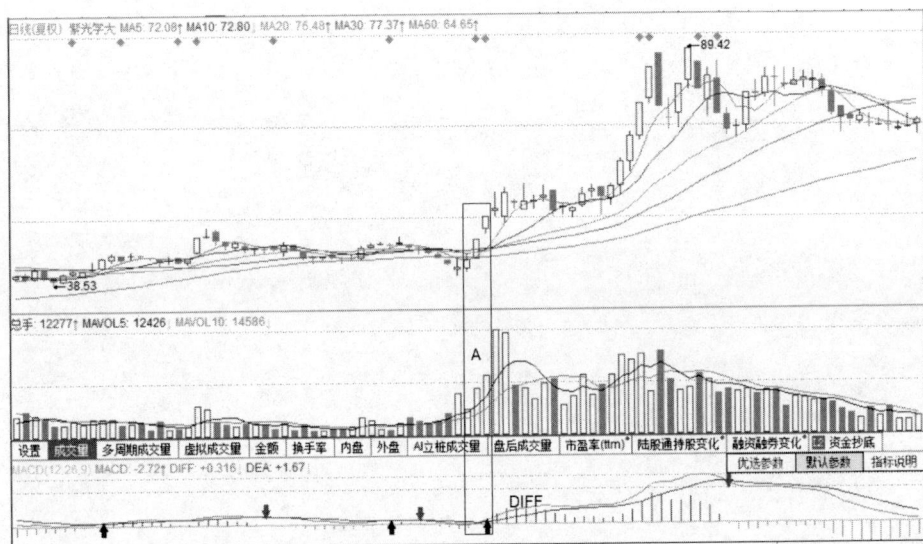

图6-16　紫光学大-日线图

实战指南：

（1）买入股票时必须确保K线突破5日均线，主要是从股价短期必须保持强势的特征出发，因为虽然蜘蛛战法操作的是较长时间的上涨波段获利，但是趋势反转上涨时，若是短期趋势都不强，则更难确保中长期趋势的强势。

（2）买股时K线突破5日均线时，不能以阴线突破的方式出现，因为阴线的短线波动趋势是下跌的,下一个交易日极有可能会延续下跌,所以,必须突破5日均线的K线为阳线,阳线实体上沿在5日均线上方,即为突破。

(3)在判断K线突破5日均线时,虽然有效突破必须等到收盘时方可确认,但事实上收盘后是难以再买入股票的,所以,买股时只要发现K线是在5日均线上方保持着量价齐升时,即可确认为买股时机。

第 7 章

黑蜘蛛形态：上涨波段结束的卖股时机

黑蜘蛛形态，是蜘蛛战法中趋势转弱时的重要征兆，也是上涨波段结束的卖股时机，但由于蜘蛛战法是以日线图为主的操盘技术，而根据股价趋势演变中熊长牛短的特征，股价在转弱时多数会表现得更为迅猛，所以，卖股时机与买股时机完全不同，买股需要慢，卖股需要快，所以，具体的卖股时机存在两种情况，因为股票的流通盘有大有小，且又存在一种以价值投资为主的长牛股，所以，卖股时机的把握上是有所区别的。

因此，在卖股时不仅要学会对两种卖股时机的把握，同时还要掌握两个卖股原则，这样才能在坚定持股的前提下准确判断出卖股时机。

7.1 卖股原则

7.1.1 持股无法继续获利为卖股原则

投资者根据红蜘蛛形态的量价齐升买入股票后，只要是上涨趋势依然在持续，就应保持持股，而一旦在股价持续上涨的高位区，出现趋势转弱的征兆时，就意味着继续持股已经无法获利，就应及时根据这种趋势转弱的征兆中止继续持股，或是采取逐级减仓直至清仓的操作。因此，如何判断上涨趋势中持股无法继续获利就显得十分重要。

判断持股无法继续获利的方法：

（1）黑蜘蛛形态+量价齐跌卖点。这是判断上涨趋势结束时的最明显标志，但在日线波段操作中，往往这种卖股的方法是趋势交易的方法，虽然能够准确判断出趋势转弱的征兆，但无法把握住趋势转弱的最佳时机。

如图7-1所示，烽火电子（002041）在持续上涨的C段走势中，当股价创出新高24.95元后，出现K线震荡下行，在进入A区域后，出现上方三根短中期均线的向下交叉、下方的中期均线依然上行、长期均线走平的上行渐缓，符合黑蜘蛛形态的要求，同时MACD也表现为高位死叉后的双线明显向下发散，K线表现为持续阴线下跌，成交量为持续放量状态的大阴量柱，为持续大阴量下跌，符合量价齐跌卖点要求，形成黑蜘蛛形态+量价齐跌卖点，说明持股已经无法继续获利，所以，应果断卖出股票，但A区域的黑蜘蛛形态+量价齐跌卖点为上涨趋势转下跌趋势的趋势卖点，并非最佳的卖股时机。

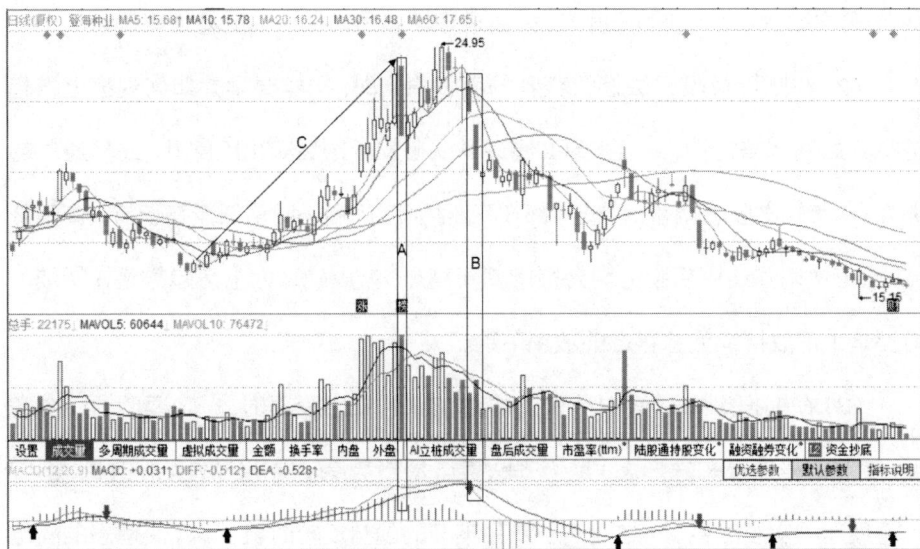

图7-1　烽火电子-日线图

（2）趋势转弱初期的高位转跌卖股时机。这是最佳的中短期趋势转弱时机，此时可以忽略是否形成黑蜘蛛形态，只要通过股价底部到当时的股价位置，若发现累积涨幅已经达到100%左右，或是短期股价涨幅达到40%左右时，即可确认为股价进入高位区，一旦持续出现大阴量大阴线或十字星的量价齐跌，即说明持股已经无法继续获利，就应卖出股票。

如图7-1中C段短期持续涨幅已经达到40%左右，所以，A区域在未形成黑蜘蛛形态前，MACD于高位形成盘整状态时，出现大阴线、达到成交量顶部的天量阴量的巨量下跌时，即应果断卖出股票，因为属于趋势转弱初期的短期趋势快速变弱的征兆，所以，A区域的明显量价齐跌卖点，才是中短线波段操作的最佳卖股时机。

实战指南：

（1）在判断持股无法继续获利时，主要是从趋势变弱的程度来判断，因此，黑蜘蛛+量价齐跌卖点是主要的大趋势转弱的征兆，而趋势转弱初期的高位转跌则是根据主力操盘获利的角度出发，通过短期趋势破坏性强的特征来确认。

（2）在坚持持股无法继续获利的卖股原则时，同样要学会如何观察上涨趋势中的短期调整行情，只要发现K线最多跌破MA10后即止跌回升，或是通过趋势观察，每一次股价调整时，低点都在不断抬高，即后一调整低点高于前一调整低点，且每次调整结束后股价均会持续刷新高点，就应确认为上涨趋势是在持续。前提是未形成持续大量状态的放量下跌。

（3）在根据蜘蛛战法中持股无法继续获利卖出股票时，一定要明白一个道理，卖股时虽然黑蜘蛛形态+量价齐跌卖点是趋势反转向下时的卖股时机，但并不是最佳的卖股时机。一定要结合两种不同的趋势反转时机，寻找最理想的高位卖点，或采取逐级减仓的卖股策略。

7.1.2　量价为先的卖股原则

在根据蜘蛛战法操盘时，一定要明白，虽然当股价由弱转强时必须得到量的配合才能扭转弱势，而趋势由强转弱时，同样是需要短期量能的配合，而一旦这种量能形成短期趋势性的破坏，就不要非等到黑蜘蛛形态时再来判断卖股时机，可直接根据量价这种短期的强烈破坏性状态，及时了结获利。因此，在卖股时应坚持量价为先的原则。

量价为先原则的具体要求：

（1）量价为先必须确认上涨趋势中出现的短期量价齐跌的破坏性足够大，或短期持续性强，也就是卖出时应坚持以高位区出现的五类卖点中的任意一种情况为准，而不要过于计较是否形成黑蜘蛛形态。

如图7-2所示，长安汽车（000625）在持续上涨的A区域，当股价创出新高28.38元后，出现持续下跌，成交量表现为量柱接近显示区顶部的巨量大阴量，为持续大阴量下跌，符合量价齐跌卖点的要求。这时虽然尚未形成黑蜘蛛形态，但短期趋势对股价上涨趋势的破坏较强，所以，应结合当前涨幅等来确认是否为最佳卖股时机。

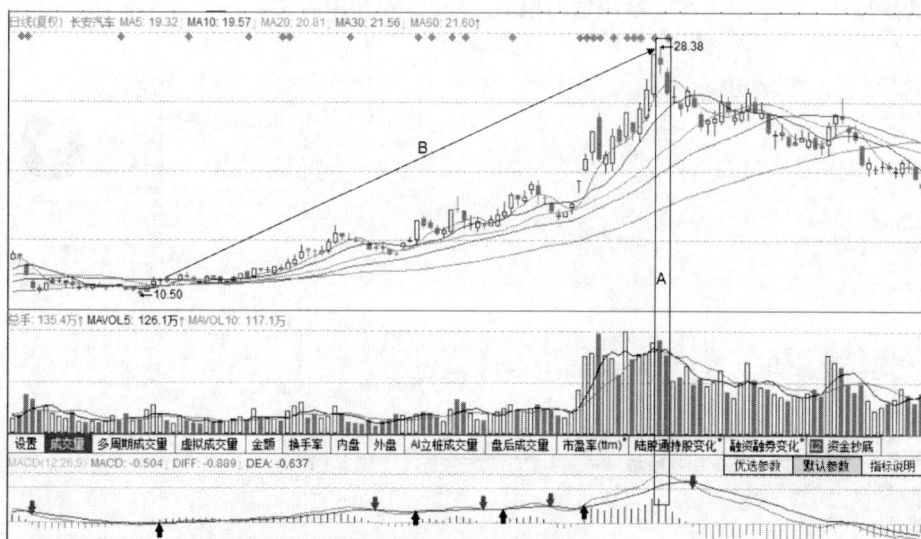

图7-2 长安汽车-日线图

（2）量价为先必须确保当前股价起码短期经过了较大幅度的上涨，通常以短期持续涨幅在40%左右，或累积涨幅达到100%左右时为准，一旦量价齐跌明显，即应卖出股票。如图7-2中的A区域，在形成持续大阴量下跌时，当前股价的累积涨幅，即B段上涨走势累积涨幅已经达到280%左右，累积涨幅巨大，所以应及时卖出股票。

（3）量价为先必须结合主力操盘的动向，因为是卖股，而主力在出货时通常以尽量快速卖出手中筹码为主，为了达到这一目的，主力在高位出货时，通常会维持股价在高位区震荡出货，因此，高位放量或大量状态的震荡滞涨与缩量下跌，同样是主力出货的征兆。

如图7-3所示，路畅科技（002813）在A区域短期涨幅接近40%左右时，出现

明显的放量下跌时，盘口显示，在高换手率的情况下，出现主力持续净流出达到
5 539.5万元时，应果断卖出股票，因为这只股票是总股本只有1.2亿股的小盘股，
且当前的可流通股本只有5 617万股，如此小的流通盘又出现了日换手率47.08%
的高换手，明显主力在大举出货，所以，必须果断卖出股票。

图7-3　路畅科技-日线图

实战指南：

（1）在量价为先的卖股原则下，卖出股票时应轻黑蜘蛛形态，重量价齐跌在
高位区对短期趋势的明显破坏性。

（2）根据量价为先卖股原则卖股时，一定要结合当前股价在高位区的量价表
现，同时要结合主力出货时的特征来确认量价的不同形态，如高位放量滞涨与高
位缩量下跌。

（3）在量价为先的卖股原则下卖出股票时，若是发现量价形态的短期对趋
势的破坏性相对较弱时，可以采取逐级减仓的方式卖股，直至黑蜘蛛形态形成对
趋势的终极破坏时再清仓。

（4）根据量价为先的原则卖出时，一定要结合持股的盘子大小来确认趋势的

转跌方式，因为中小盘股转跌时往往更为快速，而大盘股主力在出货时因持筹较多，所以，主力是难以在第一时间完全出货的，所以表现得会略显迟缓，即股价在高位区盘整的时间要长。

（5）在量价为先的卖股原则下，一般的股票与价值投资标的的大盘股，因为主力操盘的方式有区别，也应该分别对待。如价值投资的大盘股，通常为大白马，主力往往是以常年持股为主，其间股价以波段上涨与下跌的表现为主，所以即便形成黑蜘蛛形态的卖点，也多为阶段性高点的卖股时机。

7.2　判断黑蜘蛛形态的两个关键条件

7.2.1　条件1：三线向下交叉

三线向下交叉是判断黑蜘蛛形态时的均线形态，是指短期均线之间形成向下交叉的死叉后，又向下与中期均线发生向下交叉的死叉。所以，三线向下交叉的实质是短期均线死叉后又与中期均线形成死叉。因此，三线向下交叉是短期均线变弱后中期均线也相继变弱的中短期趋势变弱的征兆，意味着中长期的趋势即将变弱。

三线向下交叉的具体要求：

三线是指短期均线MA5、MA10和中期均线MA20，当这三条均线在其余均线的上方持续向上运行期间，先是出现MA5由上行转下行，与下方的MA10形成交叉，而后又与下方的MA20形成向下交叉。

如图7-4所示，格力电器（000651）在持续上涨的A区域，股价在高位震荡走低时，出现上方的MA5依次向下运行与MA10和MA20相继出现向下交叉，符合黑蜘蛛形态中的三线向下交叉的要求, 这时即可再观察中长期均线的情况来确认是否形成黑蜘蛛形态, 以确认是否为趋势性卖点。

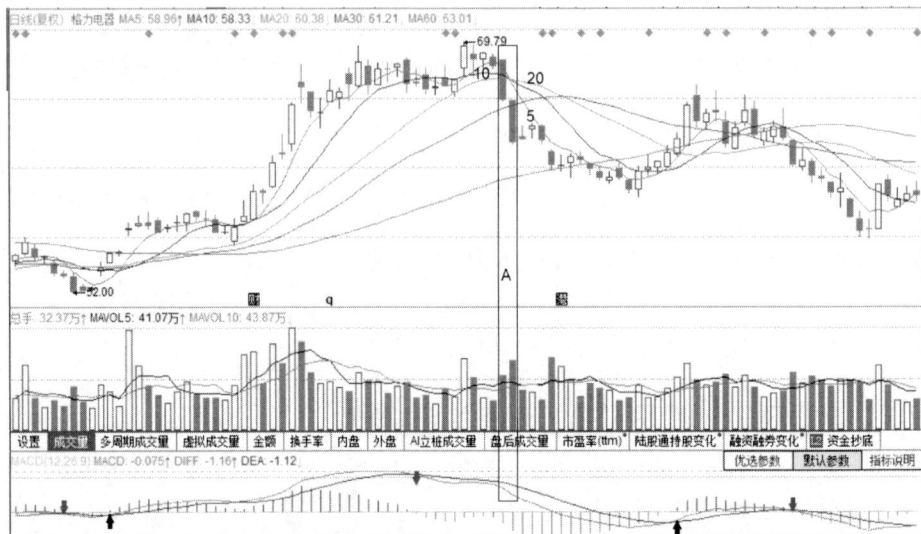

图7-4　格力电器-日线图1

实战指南:

(1)三线向下交叉出现时, 通常为大幅上涨的高位区, 是MA5、MA10、MA20在保持持续向上运行期间, 最先由MA5转向下运行时, 在与下方的MA10形成交叉后不久, 即与下方的MA20形成死叉的三线向下交叉。

(2)三线向下交叉是判断黑蜘蛛形态的重要条件, 也是首要条件。因此, 在股价处于上涨趋势的高位区时, 一定要留意在MA5转下行时, 是否与下方距离MA5最近的两条均线形成交叉。

(3)当三线向下交叉形成时, 越是MA5在发生与MA10和MA20相继交叉期间的向下角度越大且相距较远时, 越能证明这种黑蜘蛛形态所造成的趋势快速转弱的时间较快与力度较大。

7.2.2 条件2：中长期均线上行或平行

在判断黑蜘蛛形态时，一旦发生三线向下交叉时，如果造成大趋势的弱势时，往往下方另外两根均线，即中期均线MA30和长期均线MA60也会发生一些细微的变化，只不过这种变化较小和缓慢，所以，观察时一定要细心。因为这种细微的变化是确认黑蜘蛛形态是否成立的最后标准。

中长期均线上行或平行的具体要求：

当黑蜘蛛形态形成三线向下交叉时，下方的中期均线MA30会处于上行、平行或略向下运行的状态，往往MA30下行越明显时越能证明趋势的转弱程度；而长期均线MA60处于向上运行或上行渐缓的状态，此时方可确认为黑蜘蛛形态。

如图7-5所示，格力电器（000651）中的A区域，在确认股价于高位区出现三线向下交叉时，观察发现，下方的中期均线MA30和MA60虽然依然处于上行状态，但MA5下行的趋势明显，已经向下接近MA30，所以完全符合黑蜘蛛形态中的中长期均线上行或平行的要求，应确认A区域为黑蜘蛛形态，再观察量价形态来确认是否为卖股时机。观察发现，A区域形成黑蜘蛛形态期间，量价为明显持续放量下跌，符合量价齐跌卖点要求，应果断卖出股票。

实战指南：

（1）中长期均线上行或平行是三线向下交叉期间，中长期均线的状态，因为长期均线的变化更缓慢，所以，MA60依然呈向上运行的方向，而M30作为更长周期的中期均线，大多数时候会随着MA5与MA20的死叉，出现方向上的渐变，即由上行转为平行或略下行，甚至是上行的角度变小，更甚者转为明显下行。

（2）在根据黑蜘蛛形态判断趋势转弱时，原则上是MA30上行状态越不明显，也就是平行或下行时，趋势转变的概率越高，但这并不是绝对的，因为在一轮中级调整时，会出现MA5跌破MA30甚至MA60的调整，并且在一轮短期持续大幅上涨行情转跌时，当黑蜘蛛形成趋势反转时，股价已经由高点跌去大半，所以，在实战卖股时，应以量价为先的原则判断最佳的卖股时机。

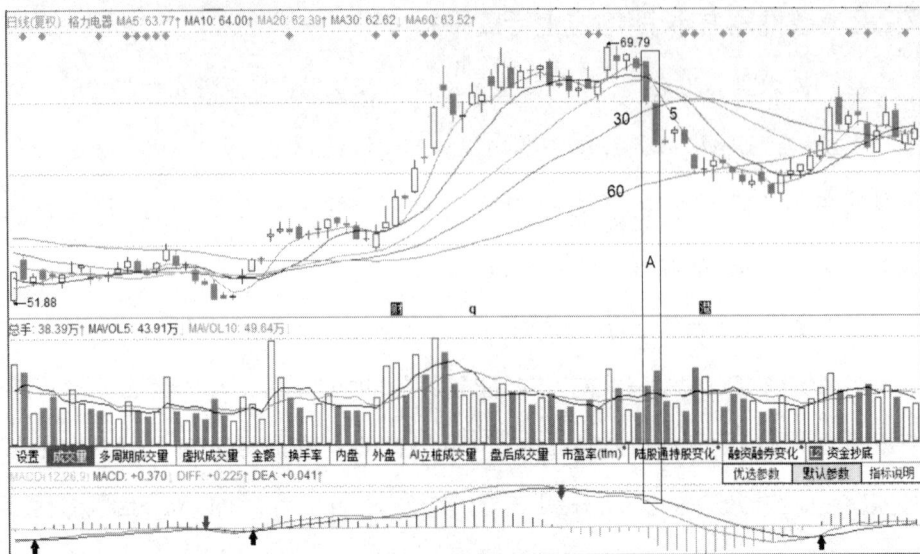

图7-5　格力电器-日线图2

（3）MA30平行或略下行、MA60上行只是三线向下交叉时，确认黑蜘蛛形态的判断依据，但黑蜘蛛形态虽然在大多数情况下是趋势转弱的征兆，但不能排除大盘价值投资股在黑蜘蛛形态出现后只是盘整状态，而小盘股又多在趋势转跌时表现得更迅猛，所以，对于中短线波段操作者，应注重上涨趋势中短期趋势剧变时量价齐跌突变的征兆为卖股依据。

7.3　五类量价齐跌卖点

7.3.1　一类量价卖点：巨量下跌

巨量下跌，是股价在持续上涨的末端，突然出现大幅下跌的同时，成交量表现为一根巨量阴量。这种量价形态的出现，为经典的明显放量下跌形态，属于短期破坏性极强的量价形态。因此，只要是股价在持续大幅上涨的高位区出现巨量下跌，不管是否形成黑蜘蛛形态，均要第一时间卖出股票。

形态要点：

巨量是指成交量柱在阴量状态下，长度向上超过显示区中分线，并极度接近显示区顶部，下跌通常是K线表现为中阴线以上的阴线，或是上影线极长、实体较短的阴线或十字星，偶尔会表现为阳线，但上影线通常极长。一旦股价在高位区出现巨量下跌，应立刻卖出股票。

如图7-6所示，苏宁环球（000718）在B段持续快速的上涨走势中，进入A区域时，K线出现一根影线和实体均较长的阴线，成交量表现为一根向上到达显示区顶部的天量阴量，为巨量下跌形态，从整个B段短期的持续涨幅观察，短期涨幅超过40%，所以，巨量下跌时股价处于高位区，符合量价齐跌卖点中的一类量价卖点要求，应果断卖出股票。

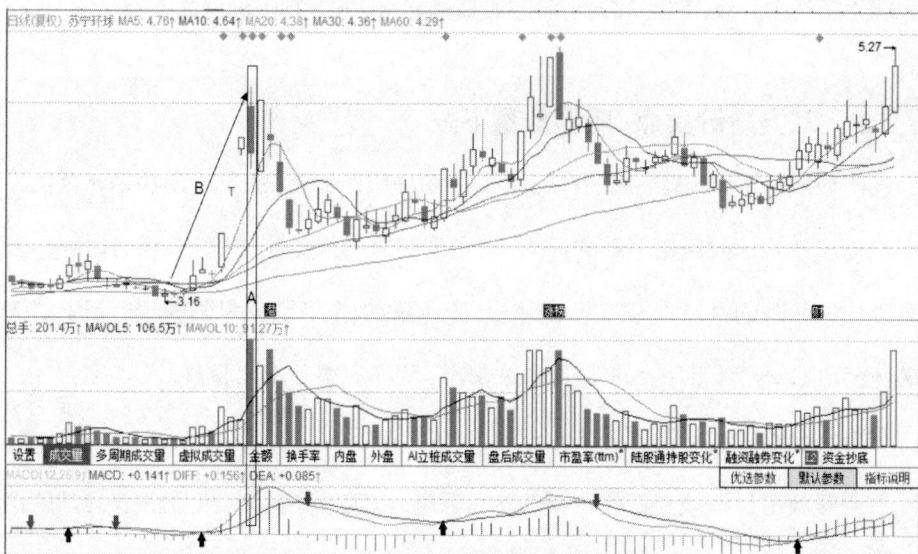

图7-6 苏宁环球-日线图

实战指南：

（1）巨量下跌出现时，必须是在持续涨幅较大或累积涨幅接近翻倍走势时，才会形成短期卖点，但妖股在短期持续大幅上涨中也会出现这种巨量下跌的洗盘，确认时一是根据股价的涨幅；二是通过巨量下跌后三个交易日是否依然为大量状态的持续下跌。但因妖股"妖性"十足，短期趋势很难把握，所以巨量下跌时即便判断或为主力洗盘，也应卖出大部分股票，待跌势明显时再清仓。

（2）巨量下跌出现时，通常之前不会有明显的转跌征兆，因此，股价短期涨幅达到40%左右，或累积涨幅达到100%左右时，一定要及时卖出。

（3）在巨量下跌中，巨量若是成交阴量柱到达显示区顶部时，为天量阴量，更能确保主力的快速出货，但若是持续震荡上涨的长牛股，也就是价值投资标的时，甚至是持续上涨中放量未过于明显，则巨量下跌中的阴量柱或不会过长，只表现为超过中分线，但必须为当前的最高量能水平时，方可确认为卖点。

7.3.2　二类量价卖点：明显放量下跌

明显放量下跌，是指股价在持续上涨的高位区，一旦股价出现快速转跌时，成交量虽然未达到巨量下跌的标准，但出现明显的放量状态时，同样可以确认为高位快速转跌的卖点，只不过从形态上看，明显放量下跌只是略弱于巨量下跌的破坏，所以，不管此时是否形成黑蜘蛛形态，同样应果断卖出股票。

形态要点：

明显放量是指成交量柱在突然转为阴量时，阴量柱长度要明显高于之前的量柱水平；下跌通常表现为中阴线以上的阴线，或是上影线极长、实体较短的阴线或十字星，偶尔会表现为阳线，但上影线通常极长，位置必须低于之前的K线。

如图7-7所示，沈阳化工（000698）在持续上涨的A区域，股价累积涨幅已经达到翻倍，却出现一根较长的长阴线，成交量为一根明显高出之前量柱水平的阴量，为明显放量下跌的量价齐跌卖点，应果断卖出股票。

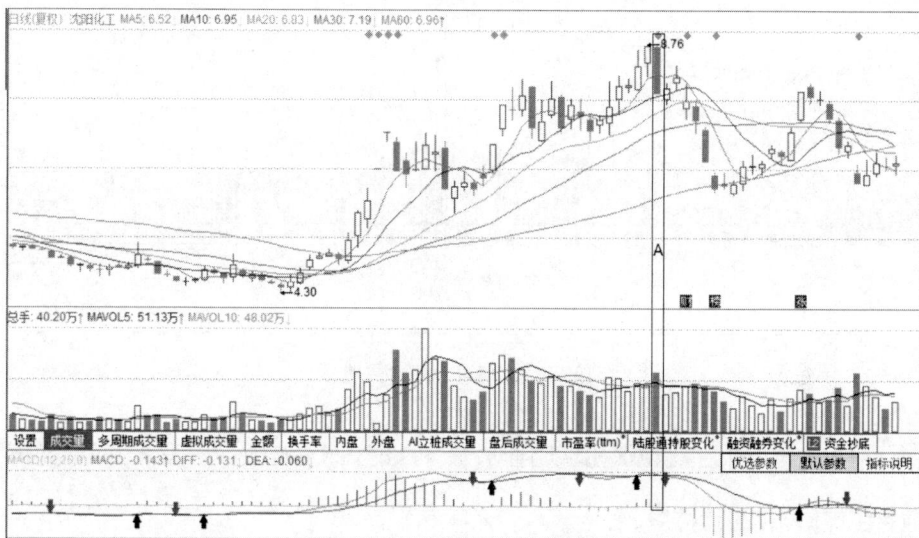

图7-7　沈阳化工-日线图

而图7-8中泰化学（002092）同样是在B段持续两段加速上涨走势中，累积涨幅到达翻倍后，进入A区域，K线只是出现一根实体极短、影线极长的跳空阴十字星，看似是加速上涨的空中加油洗盘，但成交量却表现为一根明显高于之前量柱水平的阴量，为股价在高位区的明显放量下跌，所以，同样要卖出股票。若是延后到下一个交易日，又出现红十字星的大阴量，股价呈高位震荡，更类似于空中加油的洗盘，但其后的C区域又直接出现跳空低开的明显放量下跌，趋势由此逐步形成黑蜘蛛形态并转弱。

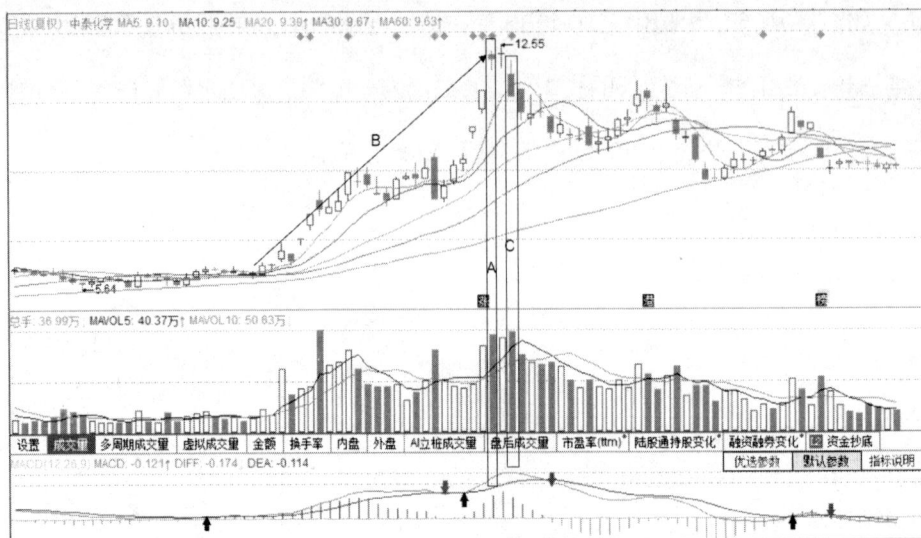

图7-8　中泰化学-日线图

可见一旦股价在高位区出现明显放量下跌时，即应及时卖出股票，而不要再抱有任何幻想，继续持股。

实战指南：

（1）明显放量下跌，从量价形态上来看是仅次于巨量下跌的量价齐跌卖点，但这并不意味着对趋势的破坏性就弱，尤其是中小盘股，流通盘越小，高位区股价快速转弱时往往更为迅速和强烈，只不过因为流通盘小，导致成交量看似不大，但事实上所占流通盘的比例并不低，因此也属于破坏性强的卖点。

（2）明显放量下跌与量能一般的巨量下跌，从形态上看存在一定的重合，但在实战期间，不管是确认为明显放量下跌还是巨量下跌并不重要，也不管此时是否已经形成黑蜘蛛形态，只要是在高位区出现，就应及时卖出股票。

（3）对于不同流通盘大小的股票，根据明显放量下跌操作时与巨量下跌时是一样的，一定要结合目标股的流通盘大小、上市公司质地等因素来综合评定，也确认操作的策略是清仓还是减仓，同时还要根据当前的整体涨幅，以及个人操作的波段大小来确认最终的操作。

7.3.3　三类量价卖点：持续大阴量下跌

持续阴量下跌，是指股价在持续大幅上涨的高位区，突然出现持续较高水平的大阴量，股价呈下跌状态。这种持续大阴量下跌的出现，说明股价在高位区突然引发盘中持续大量的卖出股票行为，且具有持续性，只不过相较于巨量下跌和明显放量下跌而言，单根K线和阴量的短期破坏性略差，所以被归于第三类卖点。

但因为其能够持续，所以，短期破坏性甚至是强于巨量下跌和明显放量下跌的，所以，不管黑蜘蛛形态是否形成，只要确认持续大阴量下跌，同样要果断卖出股票。

形态要点：

持续大阴量下跌出现时，K线呈阴线的持续下跌状态，所以，至少要有两根阴线，同时也必须对应两根阴量柱，持续表现为当前较高水平的大阴量柱。

如图7-9所示，京东方A（000725）在B段持续短期上涨的过程中，短期涨幅已达到40%以上时，进入A区域，K线表现为持续阴线下跌，成交量表现为两根小幅放量的大阴量柱，接近成交量显示区的顶部，为巨量状态的持续大阴量下跌，应及时卖出股票。

而国元证券（000728）在累积涨幅接近翻倍时（见图7-10），一旦进入A区域，K线表现为阴线下跌，成交量为两根较之前的天量阳量明显缩量的情况下的阴量柱，但量柱超过显示区的中分线，同样可以确认为两根缩量状态的大阴量下跌，一定要及时卖出股票。

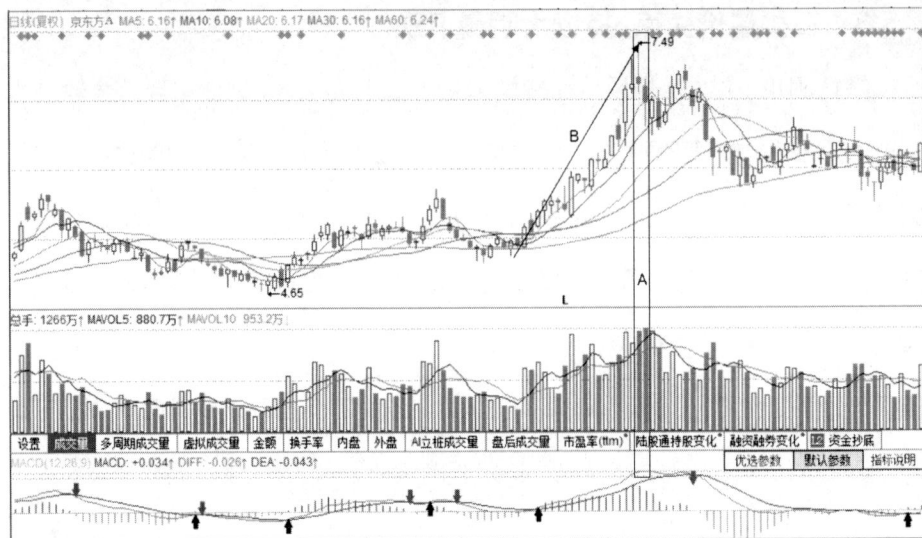

图7-9　京东方A-日线图

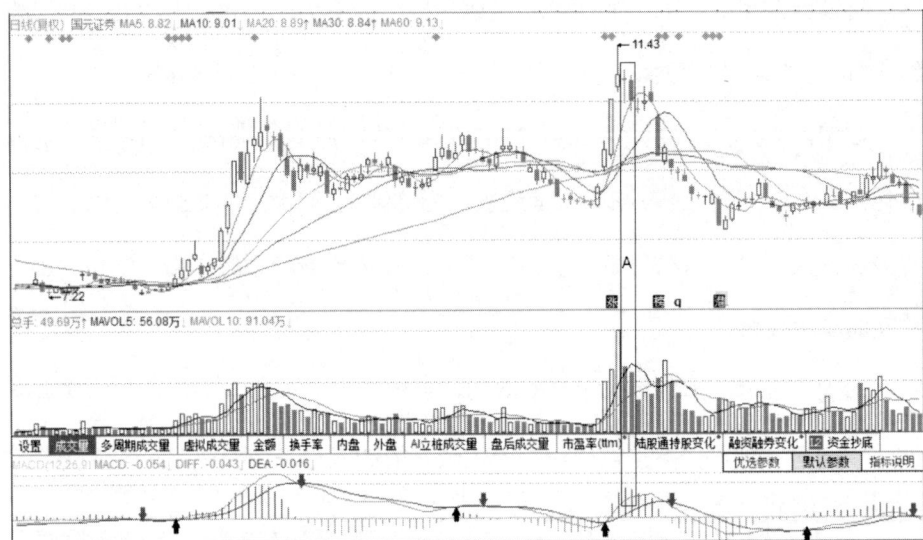

图7-10　国元证券-日线图

实战指南：

（1）持续大阴量下跌出现在股价持续上涨的高位区时，虽然从单根K线和单根阴量柱上进行比较，通常是小于巨量下跌和明显放量下跌的，但因为至少要两根阴线和两根阴量柱方可确认，所以累加到一起后，其股价下跌的程度和量能是要高于前两类卖点的，所以，只要确认为持续大阴量下跌，就应果断卖出股票。

（2）在判断持续大阴量下跌时，两根阴线必须下跌明显，成交阴量柱可前高后低或前低后高，甚至保持在相近的水平时即可确认。

（3）在根据持续大阴量下跌判断卖股时机时，应与巨量下跌和明显放量下跌同样对待，因为这三类量价齐跌卖点，只是根据单根K线和单根阴量柱的大小所划分的分类，其短期破坏性是同等强烈的，反而是持续大阴量下跌由于至少为两根阴线和两根阴量柱，所以，确认短期趋势变化时更为准确。

7.3.4　四类量价卖点：高位放量滞涨

高位放量滞涨，是指当股价在持续大幅上涨的高位区，股价在中止继续上行时未转为快速下跌，而是出现放量状态的震荡滞涨。所以，在通常情况下，入市未深的投资者可能并不会意识到股价的弱势已经到来，因高位放量滞涨是主力高位出货时经常使用的一种方式，准确率几乎达到百分之百。

因为主力在出货时要做好隐藏，所以，会利用股价高位震荡期间吸引短线不明真相的跟风资金，以完成不知不觉地出货。所以，高位放量滞涨是主力隐藏出货的卖点，属于趋势转弱前量价不明显的卖点。

形态要点：

当股价在短期或累积持续大幅上涨的高位区，一旦股价中止上涨时，K线保持在同一水平呈震荡状态，或阴线或阳线均可，只要K线保持在同一水平时，成交量保持在当前较高的大量水平，或是出现明显的持续放量状态时，即可确认为高位放量滞涨。不管此时是否形成黑蜘蛛形态，均应果断逢高卖出股票。

如图7-11所示，西部材料（002149）在持续较长时间的震荡上涨趋势中，当累积涨幅超过100%后，进入A区域，K线在阴线与阳线相互出现的情况下，在同一水平形成小幅震荡滞涨，成交量也表现为或阴量或阳量的当前较高水平，为大量水平的高位放量滞涨形态，应果断逢高卖出股票，而不要等到其后形成黑蜘蛛形态的量价齐跌时再卖出，因为高位放量滞涨的出现，说明主力在维持股价在高位区隐藏出货，股价即将快速下跌。

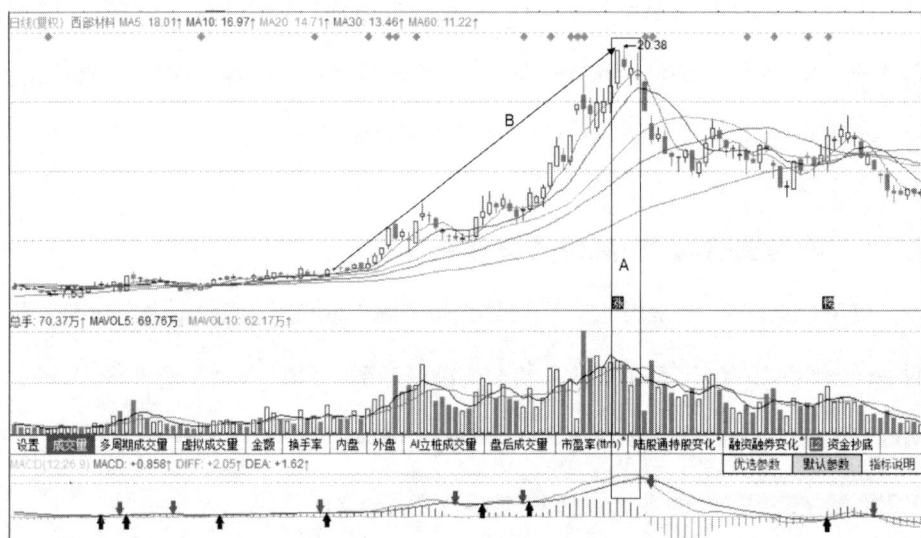

图7-11　西部材料-日线图

实战指南：

（1）在高位放量滞涨形态中，只要K线保持在相近水平的反复震荡即可，无论阴线或阳线均可，允许其间股价出现短时的冲高刷新高点，或快速探底的回升，即允许出现上影线或下影线，只要量能保持在放量水平或当前较高的量能水平即可。

（2）在判断高位放量滞涨的高位时，应结合短期持续涨幅或累积涨幅来确认高位区，反复震荡的时间判断，中小盘股一般至少三个交易日维持高位放量滞涨即可，若是大盘股一般3~5个交易日呈高位放量滞涨时，即可确认。

（3）一旦出现高位放量滞涨，不管是否形成黑蜘蛛形态，均应及时卖出股票，在卖点的把握上，应采取逢高卖出的原则，一旦股价在短时震荡冲高中出现回落时，即应果断以现价委托卖出股票。

7.3.5　五类量价卖点：高位缩量下跌

高位缩量下跌，是指股价在持续大幅上涨的高位区，股价中止继续上行转为下跌时，成交量却出现大量状态的明显缩量时，看起来这种量价形态属于上涨趋势短期调整时的征兆，但实际上由于是在高位区，造成缩量下跌的原因只是短期跟风参与的资金并不多，但主力又在持续利用对倒的方式大举出货，所以才造成小幅缩量。因此，高位缩量下跌的出现，同样属于主力出货时的一种征兆，即便未形成黑蜘蛛形态，也应果断卖出股票。

形态要点：

高位缩量下跌出现时有以下两种情况：

（1）多根阴线阴量的高位缩量下跌。至少要有两根阴线呈下跌状态，两根阴量柱中的前一根阴量为当前较高水平的大阴量，较之前的量能比较略放量或略缩量，而第二根阴量为小幅缩量状态，不可缩量过于明显。

高位缩量下跌形成卖点时，首先必须确认为股价在持续上涨中达到短期涨幅40%左右或累积涨幅达到100%左右，且盘口主力资金以较大的净流出为主，一般日换手率较高时即应果断卖出股票。

如图7-12所示，川润股份（002272）在经过持续上涨的B段走势后，短期涨幅已接近50%，属于高位区，进入A区域，股价在创出7.35元的近期新高后出现持续阴线下跌，且量能明显为持续大幅缩量的阴量，说明股价短期跌势十分明显，主力获利出货的意图十分明显，且盘口显示主力资金是以净流出为主，符合至少两根阴线阴量的高位缩量下跌的量价齐跌卖点要求，应及时卖出股票。

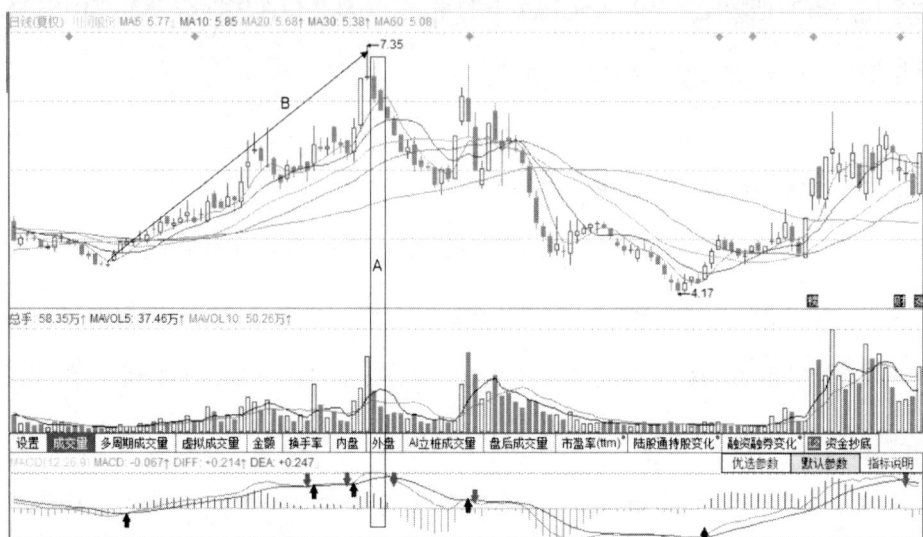

图7-12　川润股份-日线图

（2）单根阴线阴量的高位缩量下跌。此时阴线往往为一根光脚阴线，实体可长可短，阴量柱与之前的量柱比较明显缩量即可。

这种情况的出现，往往由于当日股价的快速跌停所造成的阴量大幅缩减，所以，在判断时应结合分时图，因为只从日线上的光脚阴线是难以确认是否为跌停的，同时由于股价跌停后是无法交易的，因此分时图的观察，主要不是观察是否形成光脚阴线，而是判断日线图上股价在阴线阴量下跌的同时，是否表现为短期的快速明显放量下跌，以确认卖股时机。

如图7-13所示，优彩资源（002998）在经过B段持续上涨的走势后，进入A区域时，虽然未形成黑蜘蛛形态，但出现一根光头光脚长阴线，成交量明显为阴量的大幅缩量状态，根据小对话框显示，当日的最低价即是收盘价，也就是跌停价。

因此，可以确认在2021年3月2日出现单根阴线阴量的高位缩量下跌的量价齐跌卖点，且当日主力以净流出为主，所以，应及时卖出股票，但跌停状态下是无法卖出股票的，因此在判断卖股时机时，应根据当日的分时图，即图7-14中的情况，如图中开盘后的A区域，股价在小幅高开的情况下，开盘即出现股价线的几近以直线的方式快速向下运行，且分时成交量呈放大状态，所以，当股价线跌破昨日收盘线后，依然保持这种股价线大角度下行的放量下跌时，为最佳的卖股时机。

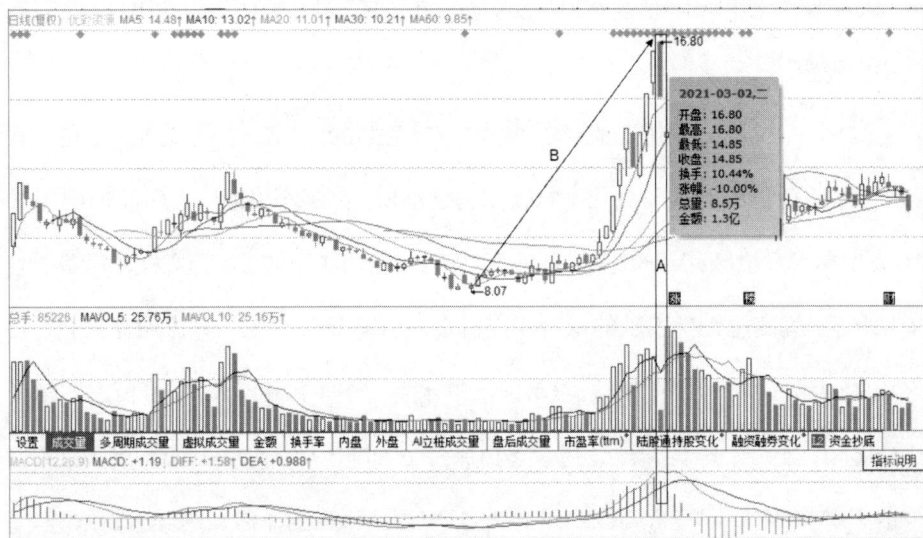

图7-13　优彩资源-日线图

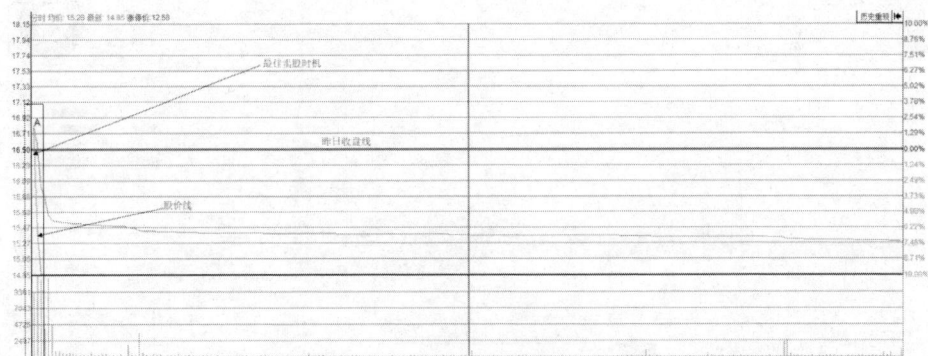

图7-14　优彩资源-2021年3月2日分时图

即便投资者未把握好最佳的卖股时机，也应在当日跌停前果断卖出股票，因为跌停是股价高位转跌时最为强烈的一种表现，而缩量是由于受跌停制度影响造成的股价短期快速下跌而致使盘中无法成交的表现。

（3）卖股时，必须通过盘口主力资金动向确认。只有当盘口信息显示主力以净流出为主，且净流出资金短时较大时，方可卖出股票。

一般情况下，主力净流出资金短时达到中小盘股在至少1 000万~2 000万元，大盘股达到3 000万~5 000万元，甚至更高时，即可确认主力在出货，此时方可卖出股票。

如图7-15所示，金安国际（002636）在经过持续上涨的B段走势后，进入A区域时，股价创出近期新高15.74元后，与之前低点7.00元相比，累积涨幅已超过100%，属于高位区，且形成K线持续阴线下跌的同时，成交量表现为持续缩小的缩量状态，为高位缩量下跌的量价卖点，同时盘口显示，这是一只流通盘只有7.23亿股的中盘股，当日换手率达到5%以上的水平，为换手率较大，且当日主力净流出资金量达到了1 678.6万元，持续多日保持主力净出现量较大状态，所以即使未形成黑蜘蛛形态，但符合高位缩量下跌的第五类卖点要求，应及时卖出股票。

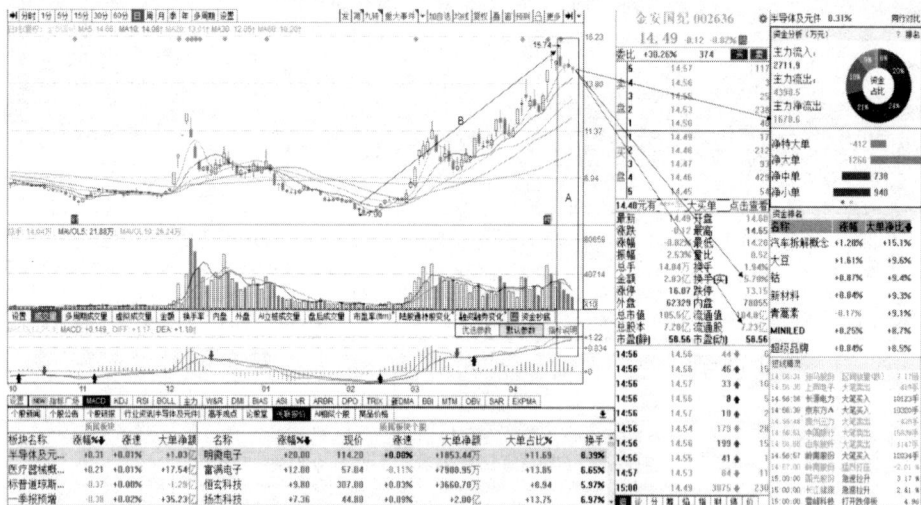

图7-15　金安国际-日线图

实战指南：

（1）高位缩量下跌出现时，由于属于单根阴量柱放量不明显的状态，但如果从持续阴量下跌的整体阴量水平观察，是高于单根阴线阴量的明显放量下跌的，所以，事实上属于持续阴量下跌的状态，杀伤力依然较大，一旦出现，就应及时卖出股票。

（2）在判断高位缩量下跌为卖点时，主要判断股价处于高位区，可通过短期持续涨幅在40%左右或累积涨幅在100%时来确认，目的是确保主力操盘处于大幅获利状态，因为大主力从建仓初期到获纯利50%左右，必须确保累积涨幅在翻倍左右时方可实现。因此，对于一些小主力参与的股票，涨幅之所以小，是因为这些主力均为游资大户等资金量较小的主力。

（3）判断高位缩量下跌为卖点时，另一个关键因素是缩量下跌，在确保K线呈明显下跌的同时，缩量是在大阴量下跌后，出现并未大幅缩量的下跌。同时，应尽量结合高位缩量下跌期间的盘口信息来辅助判断主力是否出货，如日换手率保持在较高水平，主力资金以净流出量较大为主。

7.4　卖股时机的把握

7.4.1　理想卖股时机：黑蜘蛛形态+量价齐跌卖点

在根据蜘蛛战法操盘时，一定要明白一个道理，并不是简单地通过红蜘蛛形态买股，然后再通过黑蜘蛛形态卖股就可以。因为虽然红蜘蛛形态是上涨趋势明显开始的征兆，黑蜘蛛形态又是明显下跌趋势形成的征兆。

但由于操作的是日线图，所以，在根据趋势变化交易时，是趋势真正转强初期买股，短期趋势强烈转弱时卖股。因为若是在上涨趋势明朗时买入、下跌趋势明朗时卖出，是很难通过日线图的这种上涨趋势的转变赚到钱的。除非操作的为大盘股或长期牛股，黑蜘蛛形态+量价齐跌才是最理想的卖点。

黑蜘蛛形态+量价齐跌的卖股要求：

当所买入的目标股为大盘股长期震荡上涨的长牛股时，在低位通过红蜘蛛形态+量价齐升买点买入股票后，一旦日线图中线波段操作时，可在形成黑蜘蛛形态+量价齐跌卖点形成时，果断卖出股票。

如图7-16所示，山西汾酒（600809）在A段持续震荡的上涨过程中，股价的累积涨幅早已超过100%，在创出新高464.97元后出现调整时，形成MA5大角度下行与MA10、MA20和MA30的四线向下交叉、MA60上行的黑蜘蛛形态，且明显MA10、MA20和MA30已转为下行，同时量价表现为明显的巨量下跌的量价齐跌卖点，说明一轮明显的上涨走势已经结束，所以，即便长期看好这只大盘绩优股，也说明阶段性高点已经到来，应及时卖出股票，即便是中长线投资者，也应根据仓位采取大幅减仓，待调整结束时再买回来。因为均线相距较远的黑蜘蛛形态+量价齐跌卖点是趋势转弱的理想卖点，即便是长期价值投资标的股，也应采取阶段性的减仓操作。

实战指南：

（1）黑蜘蛛形态+量价齐跌卖点的理想卖股时机，由于对应的是前期红蜘蛛形态+量价齐升买点的买入股票，所以，属于严格意义上的趋势交易，但由于蜘蛛战法操作的是日线图上涨趋势的中短波段，所以，只有这种日线图上的上涨波段表现为持久、延续时间较长时，黑蜘蛛形态+量价齐跌卖点才是最理想的趋势交易卖点。

（2）黑蜘蛛形态+量价齐跌卖点的卖股时机，由于中小盘股通常表现为牛短熊长，尤其是牛转熊时的迅速，所以，只有大盘股或长牛股在趋势转跌时，才会因为均线持续缓慢地上涨中形成震荡时，才容易在趋势转跌初期形成黑蜘蛛形态，因此，黑蜘蛛形态+量价齐跌卖点只是特殊标的股的理想卖股时机，而非最佳时机，尤其是对于喜欢操作中小盘的中短波段投资者，卖股时多数应忽略黑蜘蛛形态，而以量价为先去寻找最佳的卖股时机。

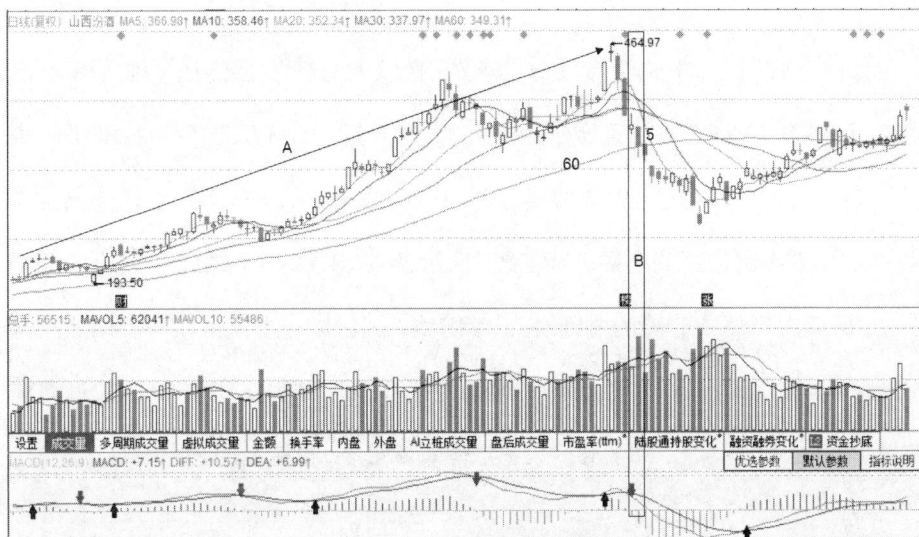

图7-16　山西汾酒-日线图

7.4.2　最佳卖股时机：股价高位区+量价齐跌卖点明显

在根据蜘蛛战法卖股时，除非操作的是一些特殊标的股，如以价值投资为主的大盘股，或是一些长牛表现的中小盘白马股，否则均应根据股价高位区+量价齐跌卖点的最佳卖股时机，在黑蜘蛛形态形成前短期趋势破坏严重时，把握住提前卖股的时机。

最佳卖股时机的判断：

主要是坚持量价为先的卖股原则，当发现持股经过短期大幅上涨或累积涨幅较高时，一旦发现短期均线出现滞涨，如MA5或MA10由明显地向上运行转为平行或MA5快速下行时，参考MACD指标判断，只要MACD双线已经运行到高位区，量价齐跌卖点表现为五类卖点中的任意一种时，即应果断卖出股票。

如果是MA5和MA10滞涨期间，量价卖点表现不明显时，则应在MA5向下与MA10形成死叉时表现为较大阴量状态、K线阴量下跌的量价齐跌时，卖出股票。

如图7-17所示，中航西飞（000769）在持续大幅震荡上涨中，当股价累积涨幅已经超过100%后，在A区域创出新高41.78元期间，MA5出现上行渐缓的表现，MACD双线已经运行到顶部高位区，DIFF线出现沿区间上沿平行的高位钝化，K线出现在高位区的小幅水平震荡，且新高41.78元的出现为上影线极长的十字星，所以为震荡中的短时刷新高点，而K线在A区域一直保持在一个相近的水平，整体呈震荡滞涨状态，且当前的量能为持续较高水平，所以为高位放量滞涨的量价齐跌卖点。因此，即便此时未形成黑蜘蛛形态，也应及时卖出股票。

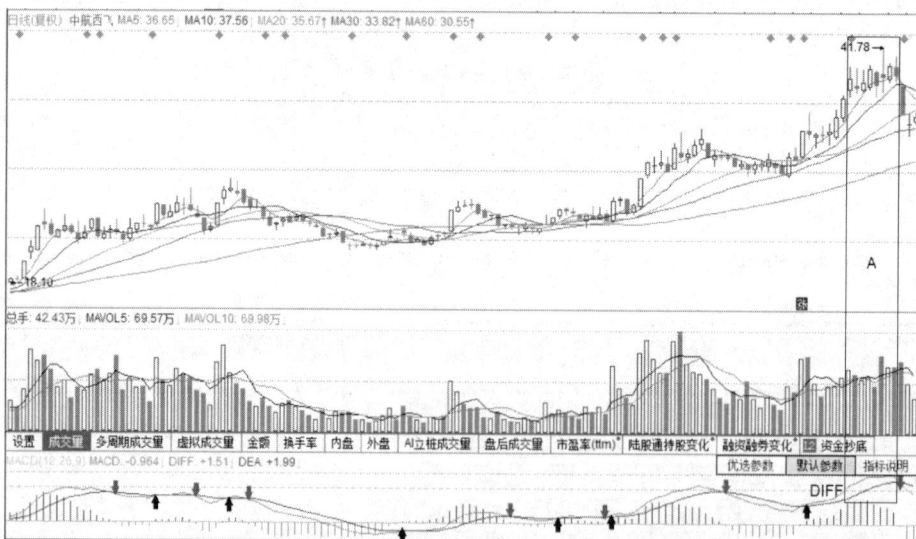

图7-17　中航西飞-日线图

实战指南：

（1）股价高位区+量价齐跌卖点主要是指在黑蜘蛛形态尚未形成前，股价即在运行到高位区时，短期指标线即出现滞涨或高位盘整期间，量价齐跌卖点明显时的一种短线卖股时机，这种最佳卖股时机，尤其是对短期持续涨幅较大的中小盘股尤为合适。

（2）股价高位区+量价齐跌卖点明显的最佳卖股时机的把握，主要通过股价线高位区时短期指标线出现上行渐缓或高位震荡时，量价齐跌表现明显时对趋势的短期破坏程度，预判趋势转弱初期的征兆。

（3）在股价高位区+量价齐跌卖点明显的最佳卖股时机时，主要包括两个方面：一是通过股价的累积涨幅或短期涨幅来判断高位区；二是通过短期指标线的上行渐缓或高位震荡来判断短期指标线上行走势出现迟钝。因为只有股价在高位区的明显量价齐跌，才是趋势快速转弱时的征兆。

7.5　实战要点

7.5.1　三线相距较近的向下交叉多为高位盘整的表现

在根据蜘蛛战法实战卖股期间，如果是上方三根最短的中短期均线发生向下交叉时，三条线相距较近时，则多为股价高位盘整的状态。因为三线相距较近发生的向下交叉，说明这三根均线的价格处于相近的状态，所以往往是震荡盘整的状态。

三线向下交叉较近为盘整的股票要求：

三线向下交叉相距较近的股票，前期的上涨多为震荡上涨，持续快速上涨的不明显，所以才造成最上方的ＭＡ5、ＭＡ10和ＭＡ20形成交叉时向下的趋向并不强烈，而此时下方的MA60必须是向上的，MA30大多数也是向上运行，或是MA30同时与上方三条均线相距较近。

　　此时往往意味着股价高位震荡的调整，如果三线形成缠绕，甚至是与下方较近的MA30也形成缠绕，则多为中期调整，或是大盘价值投资类的股票，在经过持续较大幅度的上涨后，出现一定的盘整滞涨，所以这类股票，一旦出现三线相距较近的向下交叉的黑蜘蛛形态时，若持股为大盘白马股、龙头股，中长线投资者可以忽略这种阶段性的调整，也可以保持一定底仓，按照中短波段操作也一样，在最佳卖股时机时卖出股票，其后明显止跌时再买回来。

　　如图7-18所示，顺鑫农业（000860）在经过B段走势的持续上涨后，短期股价涨幅至高点77.74元时，已经超过40%，所以为高位区，其后在小幅调整中进入A区域时，形成MA5向下相继与MA10和MA20向下交叉时，这三条均线相距较近，所以下方的MA30与MA60虽然处于上行状态时，在确认黑蜘蛛形态时，说明这种三线向下交叉的状态只是股价短期的盘整。

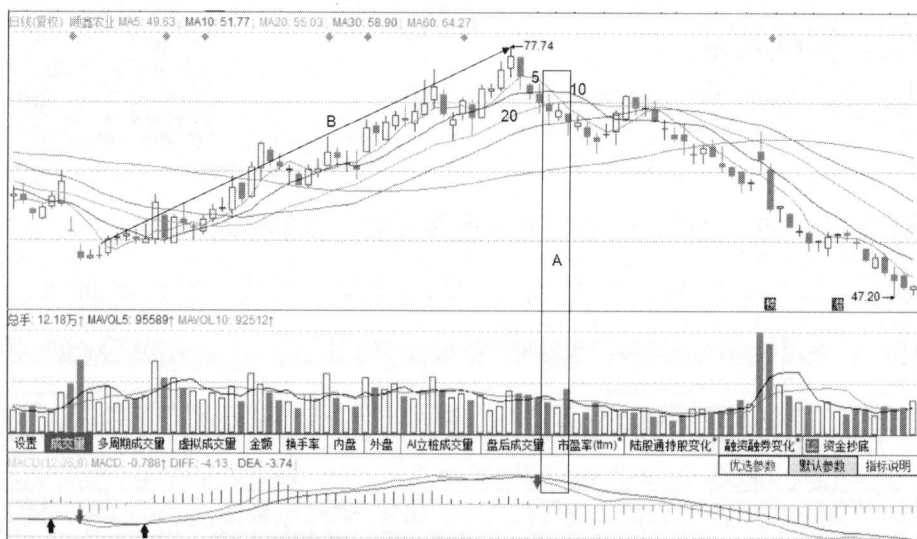

图7-18　顺鑫农业-日线图

虽然从图7-19中的个股资料中发现，这是一家北京地区的名酒企业和猪肉生产基地，常年业绩优良，属于三线蓝筹，为区域龙头。但因为短期涨幅较大，所以A区域即便是盘整状态的黑蜘蛛形态，但量价齐跌明显，即便是中长线投资者，也应采取波段减仓的策略，其后明显止跌时再买回来。

顺鑫农业 000860

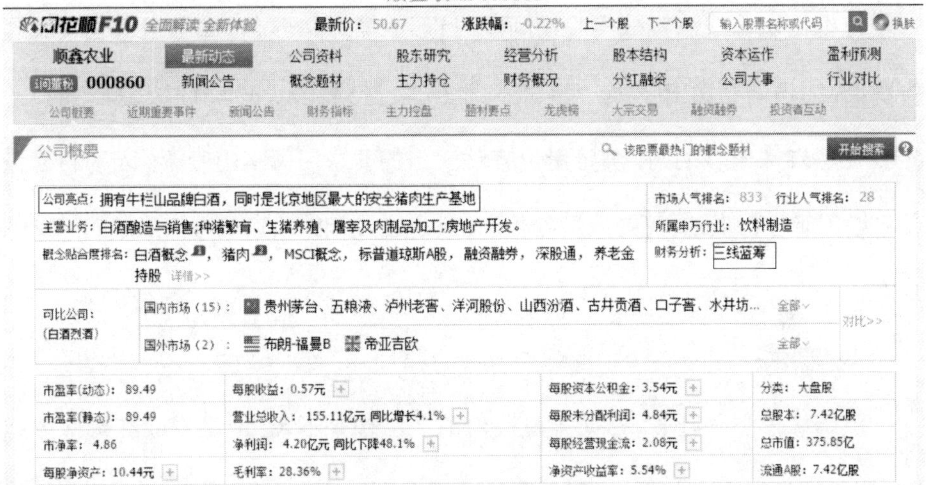

图7-19　顺鑫农业-个股资料-最新动态

实战指南：

（1）三线相距较近的向下交叉出现时，多数目标股均为中大盘股，是股价在缓慢上涨时经常出现的盘整，尤其是业绩长期优良的股票，此时往往调整的幅度并不大，即在震荡盘整中形成中短期均线的缠绕。

（2）三线相距较近的向下交叉出现时，只有MA60也转为下行时，方是日线图中长趋势进入变弱的深幅调整，但这种情况下黑蜘蛛形态为趋势性变坏的逃命点，投资者在实战时只要发现，即应果断卖出股票。

（3）三线相距较近的向下交叉若形成黑蜘蛛形态的盘整时，只有那些长期绩优的大白马股，尤其是龙头股才会是中期的震荡盘整，因为普通大盘股出现这种情况时，只能说明主力持筹较多，难以在极短的时间内卖完手中筹码，所以，在操作时，一般均以卖出回避操作为主，除业绩优良的大盘价值投资标的股外，但也要根据自身的波段操作长短来具体制定清仓还是减仓操作的策略。

7.5.2 黑蜘蛛形态必须得到量价卖点确认方可卖出股票

在根据蜘蛛战法实战卖股期间，一旦形成黑蜘蛛形态，如果量价也表现为齐跌时，方可清仓卖出股票。尤其是对于那些已持股较长时间的中线操盘时，一定要在黑蜘蛛形态期间，满足量价齐跌卖点的要求后再卖出股票。因为若是量价齐跌不明显，则极有可能只是盘整，尤其是三线相距较近状态下形成的黑蜘蛛形态。

具体要求：

黑蜘蛛形态一旦形成，如果是股价前期涨幅并不大，或是形成红蜘蛛形态时，股价回撤的幅度并不大，只是股价由缓慢上行转为小幅震荡，此时形成的黑蜘蛛形态，一定要满足明显量价齐跌要求，因为价值投资标的股经常以这种方式进行阶段性的小幅调整，不出现明显的量价齐跌，就不能证明起码短期趋势的转弱，是不能卖出股票的。

如图7-20所示的安琪酵母（600298），在经过B段的持续震荡上涨走势后，股价涨幅已经超过100%，所以B段走势后出现明显持续大阴量下跌时，即便卖出股票也不为过，若是基于中长线的投资者，未卖出，在其后的股价小幅震荡上涨中，一旦进入A区域，形成中短期均线的四线向下交叉时，即便是MA60依然上行，但形成三线相距较近的黑蜘蛛形态，说明多为股价盘整的表现，所以，当发现K线在黑蜘蛛形态中出现持续下跌、成交量为数根较长的放量阴量柱时，说明黑蜘蛛形态得到持续放量下跌的量价卖点支持，盘整的黑蜘蛛形态出现弱势盘整，所以，即便是中长线价值投资者，也应及时卖出股票，或大幅减仓操作，因为黑蜘蛛形态一旦得到量价齐跌卖点的支持后，必然会导致趋势性的变化，即便是长牛股，也是一轮时间较长、调整幅度略大的中级调整，所以，短期必须采取回避的策略。

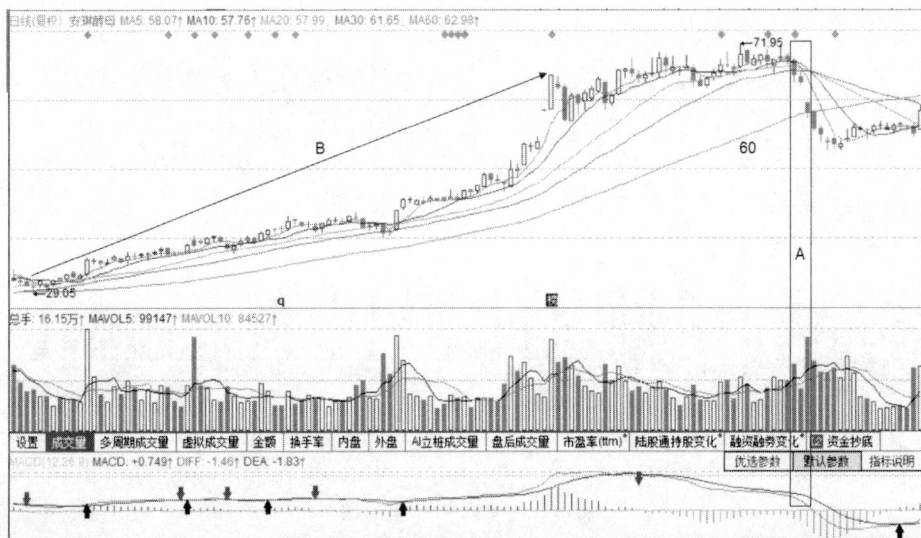

图7-20　安琪酵母-日线图

而图7-21中国中免（601888），同样是在经过B段走势的持续上涨，且短期涨幅超过70%，涨幅较大，其后略下跌的A区域，形成三线向下交叉、中长期均线上行的黑蜘蛛形态，这只股票和图7-20中安琪酵母一样，属于龙头企业，只不过安琪酵母公司是亚洲第一、全球第三大酵母公司的长期绩优龙头股，而中国中免是我国免税店龙头企业，为一线蓝筹股。两家公司的质地同样优秀，但是在图7-21中A区域形成黑蜘蛛形态时，阴量缩量后却快速变为阳量上涨，所以属于黑蜘蛛形态未得到量价齐跌卖点确认的情况，因此，图7-21中A区域的黑蜘蛛形态，只是上涨中途的短期调整，应保持持股。

所以，即便是同样质地优良的股票，一旦形成黑蜘蛛形态时，无论是清仓卖出还是减仓操作，均必须得到量价齐跌卖点的支持，否则就只能视为盘整，不可卖出股票。

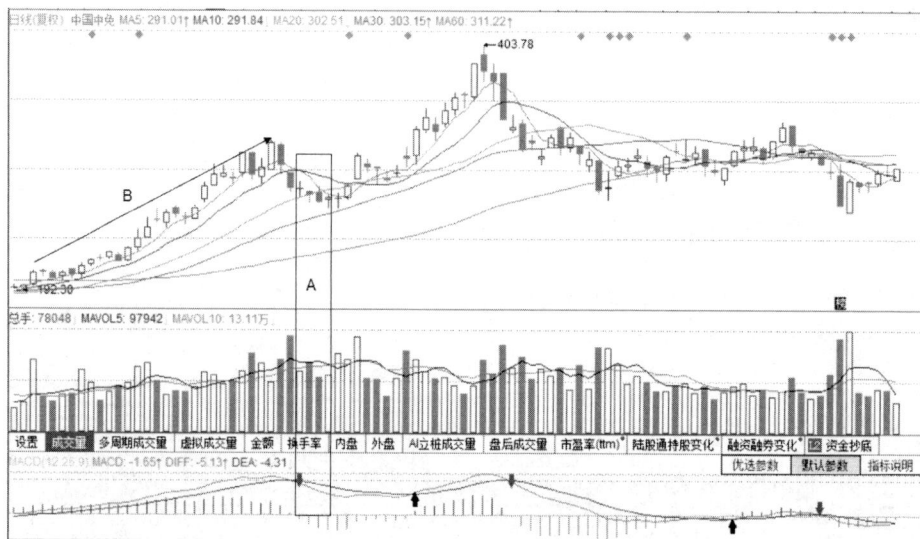

图7-21　中国中免-日线图

实战指南：

（1）黑蜘蛛形态虽然是均线形成趋势转弱的征兆，但如果是三线相距较近，未形成明显的量价齐跌卖点，则只能说明是盘整。因此在卖股时，黑蜘蛛形态必须满足量价齐跌卖点时方可卖出股票。

（2）黑蜘蛛形态未出现量价齐跌卖点的这类股票，多为股价持续涨幅并不高的股票，即在相对高位形成盘整，所以，大多数为大盘绩优股、大盘龙头股或白马股，而这类股票的量价齐跌，往往是阶段性高点到来时的征兆，并非趋势变坏的征兆。

（3）对于大多数股票来说，一旦选择在黑蜘蛛形态+量价齐跌卖点时卖出股票，均为持股相对较长的中线波段操作者，因为黑蜘蛛形态+量价齐跌卖点并非短线最佳的卖股时机。

7.5.3　黑蜘蛛形态未形成、量价卖点强烈时坚决卖出

投资者在根据蜘蛛战法卖股时，如果是中短波段操作者，一定不要只盯着是否形成黑蜘蛛形态的量价齐跌，而要关注股价当前是否处于高位区，同时是否在高位区出现明显的量价齐跌。

因为黑蜘蛛形态的量价齐跌才是趋势性卖股时机，并不适合中短波段的操作者，所以，高位区的明显量价齐跌，才是中短线波段操作者的最佳卖股时机，一旦出现，就要果断卖出股票。

中短线卖股时机的判断：

（1）判断股价是否进入高位区，判断时是以短时持续涨幅达到40%左右，或底部至今的累积涨幅达到100%左右时，即可确认进入高位区，其间一定要时刻留意量价齐跌的卖点。

如图7-27所示的亚太股份（002284），当股价持续在ＭＡ5上方向上运行的均线多头上涨趋势中，进入A区域股价出现阴线阴量下跌时，仅仅是在B段走势的五个交易日，股价持续以涨停出现，短期涨幅达到60%左右，所以，A区域可以确认是股价的高位区，这时就一定要引起注意，应及时观察这种阴线阴量的量价形态是否形成量价卖点。

（2）当股价进入高位区后或接近高位区时，只要是量价形态出现五类量价齐跌卖点中的任意一种情况时，即可确认为最佳的中短波段卖股时机，应果断卖出股票。如图7-21中亚太股份在A区域确认股价处于高位区时，成交量表现为一根向上达到显示区顶部的天量阴量，K线为上影线较长的阴线，为高位巨量下跌的量价齐跌卖点。

因此，综合以上两点内容，可以确认A区域形成短期破坏力极强的量价齐跌卖点，所以，即便尚未形成黑蜘蛛形态，但量价卖点强烈，应及时在A区域卖出股票。

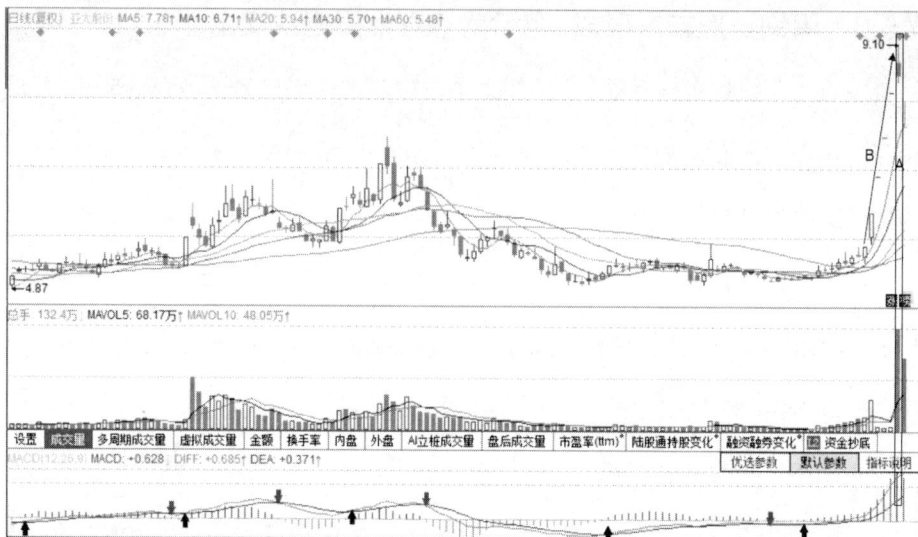

图7-22　亚太股份-日线图

实战指南：

（1）黑蜘蛛形态未形成、量价卖点强烈是中短波段操作者在持股期间应时刻留意的卖股最佳时机，但在通过量价卖点强烈卖股时，一定要注意对股价高位区的判断，而不要过于注重量价，因为主力在上涨中途经常以类似于量价卖点的方式进行快速洗盘。

（2）如果买入一只股票后，若是未形成黑蜘蛛形态前，股价短期持续快速上涨的幅度过大，或是累积涨幅达到翻倍时，一旦量价齐跌卖点明显，即应果断卖出股票。

（3）在黑蜘蛛形态未形成的情况下，根据量价齐跌卖点卖出股票时，可以通过MACD辅助判断，只要发现MACD双线已经位于顶部高位区时，往往明显量价齐跌才是高位反转的征兆，但一定要注意MACD必须未发生顶背离。

7.5.4　卖出股票后短期不可再买回

投资者在根据蜘蛛战法实战期间，如果操作的股票为常态类的股票，如普通的中小盘股，并且是以中短线为主的波段操作者，一旦根据黑蜘蛛形态+量价齐跌卖点或是高位区的明显量价齐跌卖点卖出股票，短期内就一定不要再买回来。这一点是在操盘中需要谨记的内容。

具体原因：

在蜘蛛战法中，因为操作的是日线图的上涨波段，而一旦根据黑蜘蛛形态+量价齐跌卖点，说明趋势性已经变弱，即上涨波段已经结束，或是通过高位区的量价齐跌卖点卖出股票，就说明股价在大幅上涨中出现短期趋势的严重破坏。

因此，即便卖出股票后股价又出现短时的冲高，甚至是再刷新前期高点，也大多属于趋势转弱前主力的拉高出货。即便是价值投资标的股，也不可能无休无止地上涨，涨多了都需要调整，所以，卖出后即便是因为投资者的判断失误卖早了，也已经实现大幅获利，此时的买回风险是极高的，即便是从博弈的角度出发，再买回的风险也要远高于收益的概率，所以，短期内不可再买回来。

如图7-23所示，银星能源（000862）在短期持续上的A区域，股价经过持续涨停，短期涨幅已达到50%左右，属于高位区，且大阴线的巨量下跌，符合蜘蛛战法中短线波段的量价齐跌卖点要求，若是A区域果断卖出股票后，即便在相隔一个交易日后的B区域，发现股价量价齐升明显，尤其K线为一根光头光脚的涨停阳线时，也不应再买回来，因为A区域短期量价齐跌明显，说明股价短期上涨面临的压力极大，股价即便回升，突破A区域高点的概率也极低，除非是持续大量状态的阳量，才能实现以量破价的再突破。

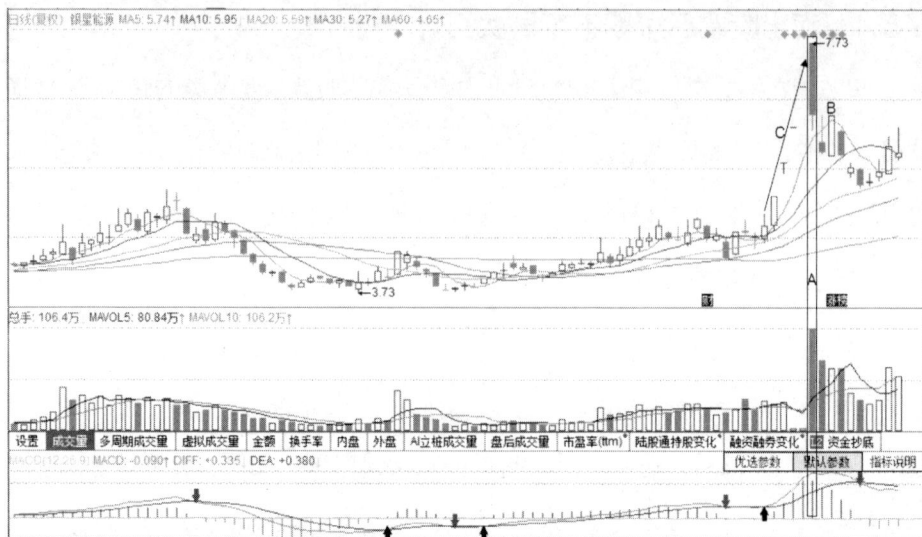

图7-23　银星能源-日线图

因此，只要是根据蜘蛛战法中的卖点要求卖出股票，短期的量价齐升出现时，千万不可轻易再买回来，除非是持续量价齐升时的长期价值投资股，方可再买回来，但短期内这种情况出现的概率极低。

如图7-24所示，张裕A（000869）为国内葡萄酒行业龙头企业，业绩常年优秀，而在A区域巨量下跌出现时的2020年12月23日，其后至2021年4月23日为止，在高位转跌后长达四个月的时间，股价依然处于调整的弱势行情。

因此，只要是短期卖出股票后，轻易不要短期再买回来。

实战指南：

（1）在根据蜘蛛战法实战操盘时，无论根据哪种情况卖出股票，甚至因为判断失误过早地卖出股票，均不可在短期内再买回来。这一点在实战期间，一定要谨记。

（2）如果投资者操作的是市场热度极高的"妖股"，除非是明显的大盘牛市上涨行情，方可以短线的思路，在判断错误卖出股票后再短线买回来，但也一定要做到快进快出，因为"妖股"的"妖性"十足，经常上演天地板，即便是具有丰富投资经验的投资者，也很难把握其短期趋势的突变，并且"妖股"经常会受到证监会的监控，所以，卖股后原则上是不建议再买回来的。

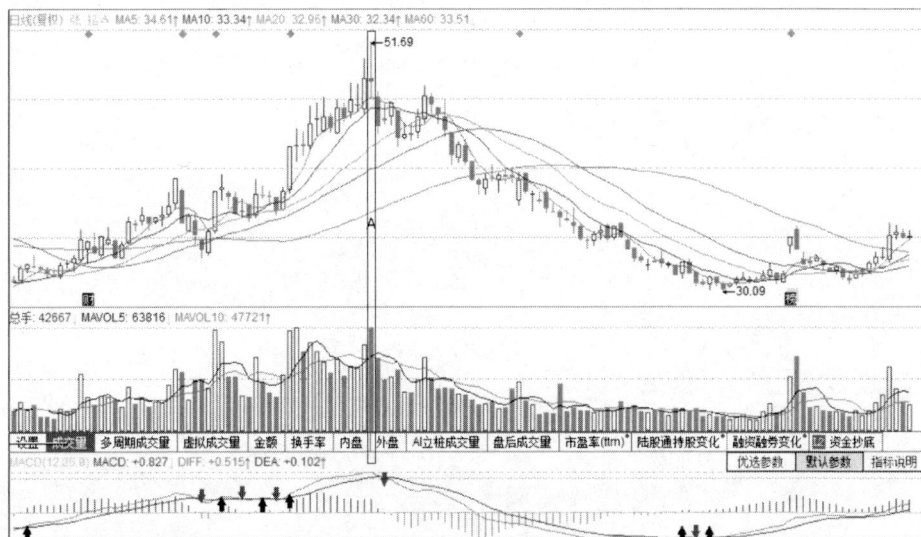

图7-24 张裕A-日线图

（3）投资者即便操作的是大盘价值投资标的股，一旦卖出股票，就说明短期调整开始，所以，即便再上涨，也难以在短期内出现持续大幅的上涨，所以，也不可在短期内再买回来。